Aus einer anderen Zeit

Günter Spurgat

Aus einer anderen Zeit

Geschichten über ein Dorf in Nordfriesland

*Bibliografische Information der Deutschen Nationalbibliothek:
Die Deutsche Nationalbibliothek verzeichnet diese Publikation
in der Deutschen Nationalbibliografie; detaillierte bibliografische Daten
sind im Internet über www.dnb.de abrufbar.*

© Günter Spurgat 2017

Covergestaltung: Günter Spurgat

Herstellung und Verlag:

BoD - Books on Demand, Norderstedt

Printed in Germany

ISBN 9783744829410

Inhalt

Vorwort

Das Dorf, von dem in diesem Buch erzählt wird, heißt Ostenfeld. Ich wuchs als Kind in dieser unweit vom Meer gelegenen Ortschaft auf. Sie liegt auf der höchsten Erhebung der schleswig-holsteinischen Westküste. Über fünfzig Meter thront das Geestdorf über dem Meeresspiegel. Du merkst diese Höhe eigentlich nicht, wenn du dort lebst. Aber sobald du mit dem Fahrrad in eine beliebige Himmelsrichtung aus dem Dorf hinaus fährst, spürst du sogleich, wie rasant es bergab geht.

Irgendwann kam mir in den Sinn aufschreiben, was mein Dorf für mich bedeutet, was es für mich ausmacht. Dabei fielen mir Erlebnisse und Begegnungen mit originellen Bewohnern, markanten Persönlichkeiten und liebenswürdigen Mitbürgern ein. Meine Kindheitserlebnisse haben auch viel mit Tieren zu tun, die damas in großer Zahl und Vielfalt auf jedem Hof vorhanden waren. Ich sah mich bei Viehtrieben zu den Sommerweiden, in Gegenwart gutmütiger Arbeitspferde und anderer Haustiere. In meiner Erinnerung lebt auch die damalige Landschaft mit Wiesen, Teichen und Waldpfaden wieder auf, sehe ich idyllische Wege, eingefasst von Strauchhecken und Wällen, steigen Gerüche von Misthaufen, frischem Heu und wilden Himbeeren auf, höre ich die Hühner gackern, Kühe auf grünen Wiesen grasen, sehe Hasen und Füchse querfeldein laufen. Aus Kinderaugenperspektive nehme ich das geschäftige Treiben auf den Höfen, in den Läden und Betrieben wahr, die ich in meinem Viertel vorfand. Dass vieles so schnell verwand, kann ich kaum fassen. Alles hat sich in wenigen Jahrzehnten dramatisch gewandelt - selten zum Guten.

Von all dem erzählen diese Geschichten. Sie sind unsortiert und zufällig ausgewählt. So zufällig wie eben eine Kindheit verläuft. Mir scheint, dass manches, von dem ich berichte, sich ganz ähnlich auch in anderen Dörfern so zugetragen haben könnte. Die dörflichen Lebensverhältnisse und

Gegebenheiten waren und sind so unterschiedlich nicht. In den 1950er und 1960er Jahren, in diese Zeit blicken die meisten meiner Geschichten und Berichte zurück, gab es in vielen Dörfern noch einen Kaufmannsladen, eine Meierei, eine Schule, eine Kirche, einen Pastor. Und die Dorfbewohner gingen einer ähnlichen Beschäftigung nach wie es auch die Ostenfelder taten, und sie hatten wie sie vergleichbare Sorgen oder Freuden. So mag manche Geschichte in diesem Buch an Erfahrungen im eigenen Dorf erinnern - hoffentlich an gute. Das würde mich freuen.

Günter Spurgat

Eis-Saison

Der Sommer an sich ist eine gern gesehene Zeit. In Ostenfeld wurde er jedoch wegen einer Besonderheit noch willkommener geheißen. Die brachte der Kaufmann Ernst Lunks in unser Dorf. Und damit begann Ende der 1950er Jahre eine neue Ära - die Eis-Zeit.

Einfach lecker!

Ernst Lunks hatte sich eine Maschine angeschafft, mit der er aus einer flüssigen Mischung köstliches Milchspeise-Eis zaubern konnte. Vor den Augen seiner Kundschaft verquirlte er nun täglich Milch, Sahne, Eier, Zucker und frische Früchte aus seinem Obstangebot und gab diese Mixtur in die neue Maschine, startete sie, worauf sogleich eine rotierende Schaufel das Gemenge in gemächliche Bewegung versetzte. Und – oh Wunder – nach einiger Zeit sah man durch den gläsernen Bottich-Deckel eine cremige Masse entstehen, die, vanille-, schoko- oder fruchtfarben, an sich schon betörend lecker aussah. Das erste Mal schmeckte ich dieses Eis, da war ich wohl in der zweiten Klasse der Volksschule. Für einen Groschen bekam man anfangs eine Eiskugel auf eine kleine Waffeltüte, ab drei Kugeln gab es die große knusprige Waffel, die allgemein begehrter war. Aber meistens fehlte

9

mir dafür das nötige Kleingeld. Es gab auch Waffeln in Muschelform. Wie alles andere wurde auch das Eis mit der Zeit natürlich teurer.

Ein Eis in die Hand gereicht, machte die kleinen Eiskäufer sofort glücklich. Die unbeschreibliche Vereinigung von Kühle, Süße und Frucht war auf der nicht geschmacksverwöhnten Kinderzunge einfach sensationell. Später hat mir kaum ein anderes Eis je besser geschmeckt. Besonders köstlich war das noch nicht ganz fertige Eis, wenn es gerade anfing, in der Rührtrommel fest zu werden. Mein Blick auf die rotierende Eismasse ließ mich den entscheidenden Moment erahnen, und ich fragte Ernst Lunks, ob ich schon von dem neuen Eis haben könne. Wenn er nicht zu großen Verkaufsstress hatte, ließ er sich erweichen, stoppte die Maschine und ich bekam mein supercremiges, ganz frisch geschöpftes Eis. Noch heute höre ich die Melodie dazu, das Klick-Geräusch des Eisportionierers und schmecke die kühle dahinschmelzende Speise auf der Zunge.

Wahrscheinlich machten die Zutaten seine Klasse aus: Frische Milch und Sahne von Kühen der hiesigen Sommerweiden, Eier von freilaufenden Ostenfelder Hühnern und Früchte von optimaler Reife. Dazu handwerkliches Können des Eismachers Ernst Lunks und seiner mithelfenden Familie. Sie haben unsere Sommer mit dieser Köstlichkeit so unvergesslich bereichert.

Jeder Sommer begann erst wirklich mit der Eröffnung der Eis-Saison bei Kaufmann Lunks, und zwar immer mit einem ersten kostenlosen Probeeis für alle. Wohl kaum jemand, der den Laden betrat, ging ohne ein Eis wieder hinaus. Viele Hausfrauen ließen ihre mitgebrachten Schüsseln mit Eiskugeln füllen, um der Familie zu Hause eine willkommene kühle Erfrischung an heißen Tagen zu gönnen.

Lunksens Eis wurde zu einer Institution im Dorf, die über zwei Jahrzehnte Bestand hatte. Ende der 1970er Jahre wurde die Eismaschine leider außer Dienst gestellt. Und obwohl es das verpackte Fertigeis zu kaufen gab, haben wohl alle, die die Eis-Saison bei Lunks erlebten, einen großen Verlust empfunden.

*Mitte der 1960er Jahre: Brunhilde Lunks, Kaufmannstochter und ebenfalls
Eismacherin, auf dem Weg vom Laden zur benachbarten
Meierei, um frische Milch zu holen*

Das Bonbon-Karussell

Überhaupt war der Kaufmannsladen von Ernst und Reny Lunks in den 1950er Jahren für mich als Kind die größte Attraktion im Dorf. Da gab es Dinge, von denen damals Kinder träumten, und die für wenige Pfennige oder Groschen zu haben waren: Die kleinen Comic-Heftchen mit neuesten Abenteuern des Dschungel-Helden Akim oder des Ritters Sigurd für die Jungen und Glanzbilderbögen mit und ohne Glimmer für die Poesie-Alben der Mädchen; zum Naschen Brausebonbons mit dem verheißungsvollen Namen Prickel Pit, Brausepulver (das im Mund so herrlich aufschäumte), Lakritzschlangen und -pfeifen, lose Bonbons und bunte Wundertüten mit Spielzeug-Überraschungen, deren verborgener Inhalt sich mit geschickten Fingern ertasten ließ. Während die anderen Kunden bedient wurden, schaute ich mir immer wieder all diese Sachen mit großen Augen an. Leider besaß ich nur selten das Geld, mir davon etwas zu kaufen.

Die Anziehung, die der Laden auf mich ausübte, ging auch von anderen Dingen aus. Es gab dort viel zu sehen, zu hören und zu riechen. Fast alle Dorfbewohner gingen hier ein und aus. Männer kamen direkt vom Trecker oder vom Pferdewagen, aus dem Viehstall oder aus der benachbarten Meierei, um sich Tabak, Zigaretten, Schnaps oder Bier zu kaufen. Frauen kauften für den häuslichen Bedarf ein. Nebenbei wurden Neuigkeiten ausgetauscht; es wurde erzählt und viel gelacht. Bei Lunks gab es fast alles zu kaufen, dennoch war das Sortiment übersichtlich. Keine Vielzahl von Gleichartigem wie heute in den Supermärkten. Man kaufte entweder Bohnenkaffee oder Ersatzkaffee, Persil oder Sunil, Ostenfelder Tilsiter oder „Schweizer" Käse. Mehl, Zucker, Salz und andere Lebensmittel wurden von Hand in Papiertüten abgewogen. Plastikverpackungen gab es noch nicht. Eisenwaren, Arbeitsgeräte und Arbeitskleidung lagerten auf dem Dachboden. Ebenso die Vorrichtung, mit der Konservendosen mit einzukochenden Lebensmitteln gedeckelt wurden. Selbst Sahne wurde für die Kunden im Laden extra geschlagen, da Elektrogeräte für solche Zwecke in den meisten Haushalten noch nicht vorhanden waren. Brauchte jemand gar einen neuen Küchenherd, Ernst Lunks beschaffte ihn.

Reny und Ernst Lunks

Ein Kind zwischen Erwachsenen, dessen Nase kaum über den Tresenrand reichte, wurde leicht übersehen. Aus der Position konnte ich bequem mithören und beobachten. Ich erfuhr von familiären Geschehnissen, dörflichen Ereignissen, sah wer in bar bezahlte und wer anschreiben ließ, roch Diesel-, Schweinestall- und Zigarrendüfte zwischen Fruchtaromen, die den im Laden gestapelten Obstkisten entströmten. Aus meiner Perspektive nahm ich wahr, wer in Stiefeln, Holzpantinen oder eleganten Damenschuhen daherkam. Es ging immer sehr lebhaft im Laden zu, und Ernst Lunks war oft der launige Unterhalter seines Publikums.

Mitte der 50er Jahre wohnten wir gleich um die Ecke, und die Einkäufe im Laden gehörten zum wöchentlichen Ritual meiner Mutter. Ich empfand Stolz, wenn ich – gerade mal eingeschult – für kleine Besorgungen in den Laden geschickt wurde. Er war zweigeteilt. Die linke Tür führte in die kühle Abteilung (für Milch, Milchprodukte, Wurstwaren und Feinkost), die rechte zu den übrigen Artikeln (Nährmittel, Kaffee, Obst, Gemüse, Tabakwaren, Spirituosen). Im Laden gelangte man mittels Schwingtür von der einen in die andere Abteilung.

Wenn ich mal ein paar Pfennige oder einen Groschen ergattern konnte, zog es mich nach rechts. Mein Ziel galt dem gläsernen Bonbon-Karussell, das etwas versteckt am Ende des Verkaufstresens stand. Mir war es nur recht, wenn viel Kundschaft im Laden war, umso länger konnte ich an der Bonbonniere drehen und in Ruhe überlegen, für welche Bonbons ich mich entscheiden wollte. Das Karussell, bestückt mit großen Glasbehältern, war mehrere Etagen hoch und enthielt kinderparadiesische Verlockungen: Grün-weiß gestreifte Pfefferminz-Kissen, „echte Chilestangen", haselnussförmige Bonbons mit Schokofüllung, Brause-, Sahne- und Himbeerbonbons. Wieviel würde ich für meine Pfennigsammlung bekommen? Ich erinnere mich noch als wäre es gestern: Es dreht sich das Bonbon-Karussell, ich kann mich nicht entscheiden und der wartende Kaufmann macht mich nervös. Er will das schwierige Geschäft endlich zu Ende bringen. Schließlich verlasse ich glücklich mit einer kleinen gefüllten Spitztüte den Laden. Aber draußen kommen mir Zweifel, ob ich die richtige Wahl getroffen habe.

Viele Jahre später wurde der Laden umgebaut und vergrößert. Die Bonbonniere war nicht mehr zeitgemäß und wurde abgeschafft. Reny Lunks hat mir zum Andenken eines der schweren Bonbongläser mit Glasdeckel geschenkt. Auch eine große Blechdose, deren Aufkleber verrät, wer damals die leckeren Zuckerstücke lieferte. Es war C. Blumenberg & Co., ein Bonbonfabrikant aus Flensburg.

Der Laden der drei Schwestern

Noch Mitte des vorigen Jahrhunderts war Ostenfeld einer Insel ähnlich - abgeschieden vom Getriebe der Welt, hoch auf der Geest gelegen mit weitem Ausblick in alle Himmelsrichtungen, gen Westen bei guter Sicht sogar bis zum Meer. Das Dorf konnte seine Bewohner gut aus eigenen Resourcen versorgen, bot vielen Arbeitsmöglichkeiten, und so blieb der Bewegungsradius der meisten überschaubar. Fast alles, was man zum Leben brauchte, konnte „beim Kaufmann" erstanden werden. Nur selten waren Besorgungen in der nahen Stadt Husum notwendig.

In den 1950er Jahren vertraten den Lebensmittelhandel in Ostenfeld sechs (!) Geschäfte: Willy Tiedemann, Ernst Lunks, Ernst Andresen, Fritz Hansen, Harro Petersen und der Kaufmannsladen der drei Johannsen-Schwestern: Helene, die älteste, Elfriede, die mittlere und Adele, die jüngste Schwester hatten einige Jahre nach dem Krieg von ihrer Mutter den Laden am Westerteich übernommen und führten ihn wohl bis 1980 erfolgreich weiter.

Wohnhaus und Kaufmannsladen von Johann Johannsen um 1900

Das Geschäft wurde 1874 eröffnet. In einem Adreßbuch von 1900 wird Johann Friedrich Johannsen als Inhaber genannt. Er war der Großvater der Schwestern. Ihm folgte sein Sohn Wilhelm. Nach dessen Tod übernahm seine Witwe das Geschäft; es war sicher das älteste im Ort. Ein Kaufhaus im Kleinformat, denn es gab dort fast alles, was die Menschen im Alltag benötigten.

Der Laden bestand aus einem langen, schmalen Raum, in dessen Mitte ein fast ebenso langer Tresen die Kunden vom Verkaufsbereich trennte. Hinter sich hatten Elfriede und Adele (die beiden Schwestern führten den Laden, während Helene sich in erster Linie um den Haushalt kümmerte) eine riesige Regal- und Schubladenwand, die bis zur Decke reichte. Dieses gute Stück ließen die Schwestern als Neuerung von einer Itzehoer Tischlerei aus Eichenholz anfertigen und Mitte der 50er Jahre in den Verkaufsraum einbauen. Das neue Lagersystem erleichterte den Zugriff auf die am meisten verlangte Ware und verkürzte den Einkauf. Denn Geduld musste die Kundschaft schon mitbringen. Viele Waren wurden von Hand abgefüllt und verpackt. Wurst und Käse kamen in einzelnen Scheiben auf die Waage, die „gute Butter" vom Block und Nägel einzeln in die Papiertüte. Für die Kunden willkommene Gelegenheit, Wetterprognosen und Neuigkeiten auszutauschen, Geschichten zu erzählen. Die Leute trafen sich im Laden, es war gemütlich und es roch oft nach frisch gemahlenen Kaffeebohnen.
Für diejenigen, die nicht so gut stehen konnten, war ein ein Stuhl in Schaufensternähe plaziert. Dort nahmen dann der schwergewichtige Pastor Kardinal oder der Lehrer und Schriftsteller Henrich Hansen Platz, die beide um die Ecke wohnten. Ich kaufte dort auch oft für die Familie ein und mir schien, wenn der Pastor in den Laden kam, wurde die Unterhaltung allgemein zurückhaltender. Henrich Hansen, witzig und charmant wie er war, brachte mit seinen Geschichten oft das versammelte Ladenpublikum zum Lachen. Kaum jemand war in Eile, man musste ohnehin warten, bis man an die Reihe kam. Und Kinder, die mit Einkaufszetteln von zu Hause geschickt wurden, wurden genauso respektvoll bedient wie die Erwachsenen. Jeder Einkauf wurde abgeschlossen mit einem handgeschriebenen Rechnungsbeleg, denn eine Registrierkasse gab es nicht. Meine Lieblingsverkäuferin war übrigens Elfriede wegen ihrer fröhlichen Art.

Die drei Schwestern, von links nach rechts:
Elfriede, Helene und Adele, aufgenommen 1987

1980 arbeitete ich in den Sommerferien in Karstadts Lebensmittelabteilung in Husum. Da sah ich Adele und Elfriede, wie sie staunend das riesige Warenangebot abschritten. Sie hatten ihren Laden für immer geschlossen und betraten vielleicht zum ersten Mal einen Supermarkt. Für mich war es ein wundersamer Augenblick, die beiden Damen wie Forschende auf einem ihnen unbekannten Planeten zu erleben. Sie schienen fasziniert, gleichzeitig erschrocken von dieser immensen, jedoch unpersönlichen Warenwelt.

Das Haus der Johannsens steht heute prachtvoll renoviert nach wie vor an seinem Platz mit seiner Front zum Westerteich. Aber nichts an ihm deutet auf ein früheres Geschäft voller Leben, und die Schwestern sind nicht mehr. Nur noch die aufwändige, schön gearbeitete Schrankwand ist erhalten und steht heute in einem Klassenraum der Otto-Thießen-Schule in Ostenfeld. Die Johannsen-Schwestern liebten Kinder, waren oft zu Gast bei den Schulkinderfesten. Es würde ihnen gefallen, ihr Ladenmobiliar bei den kleinen Schülern aufgehoben zu sehen.

Die Jensens und ihr Osterkrug

Gasthöfe prägen das Dorfbild und das soziale Leben in einer Gemeinde entscheidend mit. Wenn sie schließen, verliert das Dorf nicht nur ein Gebäude. 1970 war die traditionsreiche Gastwirtschaft „Osterkrug" (ehemals Harmsens Gasthof „Zur Linde") in Gefahr, wegen ihres maroden Zustands und Unrentabilität abgerissen zu werden.

Gasthof „Zur Linde", frühe Aufnahme um 1900

Verhindert haben dies Hans und Gertrud Jensen, die an die Zukunft dieses Gastbetriebes glaubten und ihn seinerzeit ersteigerten. Und so wurden sie die neuen Eigentümer vom „Osterkrug" und Neubürger unseres Dorfes. Wie so oft im Leben spielte ein Zufall mit, der die beiden mit ihren drei Kindern und Schwiegermutter hierher führte. Sie waren seit 1967 Pächter einer Gastwirtschaft in Rehm bei Lunden. Von einem ihrer regelmäßigen Gäste, dem Ostenfelder Harro („Bütt") Petersen erfuhren sie, dass der „Osterkrug" zum Verkauf stand. Kurzentschlossen ergriffen sie die Gelegenheit in der Hoffnung, sich zu verbessern. Der Zustand des erworbenen Objektes war jedoch ernüchternd. Es bedurfte enormer Anstrengungen und Geldmittel, um den Betrieb wieder in Fahrt zu bringen. Die ganze Familie und ein Team zuverlässiger Mitarbeiter wirkten dabei mit, den Gasthof wieder mit Leben zu füllen und ihm zu einem weithin guten Ruf zu verhelfen. Der Anbau eines großen Festsaales machte den „Osterkrug" zudem für große Veranstaltungen attraktiv.

Trotz regen Besuchs und guter Umsätze war lange eine Schuldenlast zu tragen, die Hans Jensen mit den Einkünften aus verschiedenen Nebentätigkeiten nach und nach minderte und schließlich ganz löschte. Er half Bauern bei der Ernte, verdingte sich als Dachdecker, Vertreter und Warenauslieferer und zwölf Jahre als freundlicher Briefträger in Ostenfeld und in den Nachbarorten. Hans war in seinem langen Berufsleben zur Verbesserung seines Einkommens oft zweigleisig unterwegs; harte Arbeit war er ohnehin von klein auf gewohnt.

Er wurde 1937 in Hasselberg bei Kappeln als Sohn eines Bauern geboren, wuchs dort auf dem Hof auf und musste – wie auch seine Geschwister – schon früh und viel mithelfen. 1952 erlernte er das Bäckerhandwerk, seinen Wunschberuf, in einem Betrieb in Faulück bei Arnis. 1956 zog die Familie nach Süderau bei Glückstadt, weil der Vater dort eine Gastwirtschaft erworben hatte. Hans lernte im selben Jahr seine zukünftige Frau Gertrud in Süderau kennen. Beide heirateten und bezogen die Werkswohnung einer Bäckerei in Winseldorf bei Itzehoe, wo sie ein Jahrzehnt verbrachten.

1967 wechselte die inzwischen vierköpfige Familie wieder den Wohnort und den Berufszweig. Wie sein Vater wandte sich auch Hans dem Gastgewerbe zu und pachtete eine Wirtschaft in Rehm. Doch die Einkünfte aus dem Betrieb reichten nicht, und so arbeitete Hans wieder als Bäcker und Dachdecker im Nebenberuf, später wurde er Betriebstischler in einer Fabrik für Blockflöten und Fagotte in Weddingstedt. Als die Jensens neben ihrer Gastwirtschaft in Rehm zusätzlich eine Tankstelle eröffneten, verbesserte sich das Gesamteinkommen so weit, dass Hans seine Zweitbeschäftigungen aufgeben konnte.

Beruflich wurde Ostenfeld die letzte Station der Jensens. Sie führten den „Osterkrug" erfolgreich vier Jahrzehnte und gaben ihm noch ein reiches Leben: Familienfeiern, Vereinsfeste, Theateraufführungen, Bewirtung von großen Reisegesellschaften, Übernachtungen, spannende Dart-Wettbewerbe und nicht zuletzt die vielen Einzelbesucher und Kleingruppen, die hier gern einkehrten. Am Tresen und im Gastraum „regierte" Hans, immer quirlig und unterhaltsam. Er war der geborene Wirt – ein guter Zuhörer und Menschenfreund, einer, der seinen Gästen das Gefühl gab, stets willkommen zu sein. Fürs Benehmen machte er klare Ansagen und löste in zupackender Weise auch schnell mal Konflikte, wenn es sein musste. Seine Frau Gertrud regelte den Küchenbetrieb und organisierte die Abläufe. Ihnen zur Seite standen die ganze Familie und ein Team von zuverlässigen Mitarbeitern, die ihnen über die Jahre die Treue hielten.

Gern erinnern sie sich an die gemeinsame Zeit mit ihnen, an Betriebsausflüge (etwa in den Harz und nach Berlin), an Fahrradtouren, an zahlreiche schöne Erlebnisse und prominente Gäste.

Das Paar blickt auf über sechzig gemeinsame Ehejahre zurück. Gertrud war an Hans' Seite die große Stütze im Geschäft, und in seinem Leben spielte sie immer die Hauptrolle. Auch mit Bühnenrollen sind beide vertraut, haben sie doch oft in der Ostenfelder Theatergruppe mitgewirkt. Sie waren und sind aktive Mitglieder der dörflichen Gemeinschaft und zahlreicher Vereine, haben einige sogar mitbegründet. Hans war fünfundzwanzig Jahre aktives Mitglied der Freiwilligen Feuerwehr und Gertrud zwanzig Jahre zweite Vorsitzende des hiesigen Sozialverbandes.

Beide vermissen die Begegnungen mit ihren Gästen und ihr Wirtshaus, das 2012 abgerissen wurde. Doch auf dem Platz entstanden zwei schöne neue Wohnhäuser. Und in einem von ihnen wohnen die beiden – genau da, wo ihr Gasthaus stand, das sie so lange mit Herz und Leben füllten.

Gertrud und Hans Jensen

Schlachterei Clausen

Fünfziger Jahre, Dorfmitte. Ich ging noch nicht zur Schule, hatte die ganzen Tage für mich und war immer auf Entdeckungstour in meinem Viertel. Das bestand aus der Meierei, dem Bauernhof von Paulsen, dem Kaufmann Lunks und der Schlachterei Clausen. Da war viel Leben, ein Mix aus Menschen, Tieren und Fuhrwerken. Ein ständiges Kommen und Gehen.

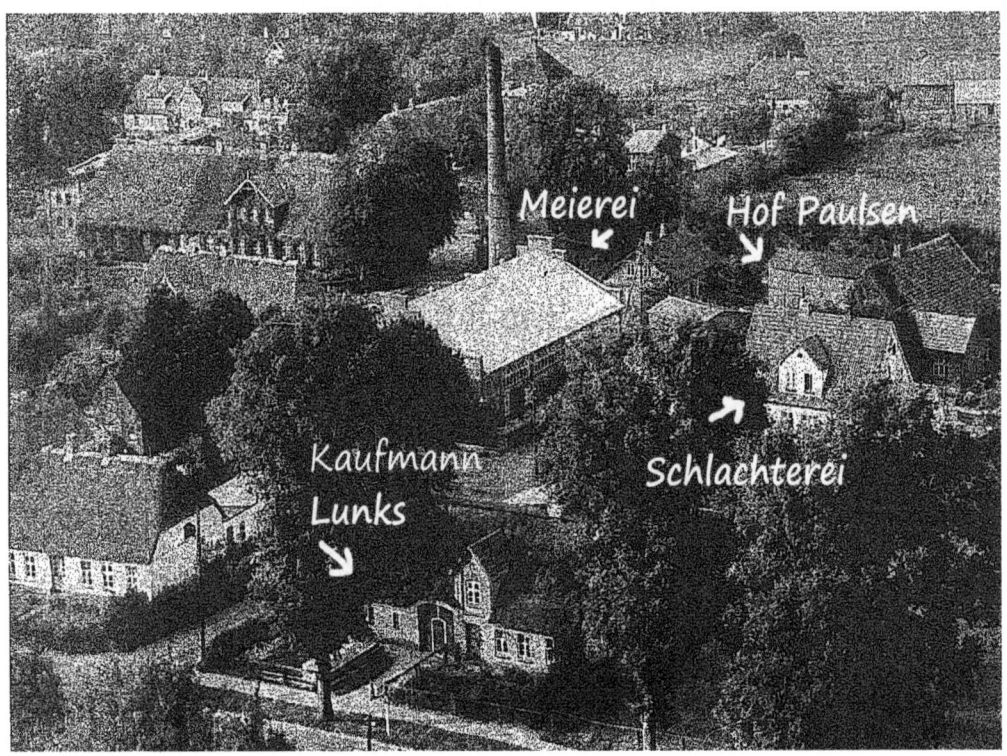

Luftaufnahme von meinem Viertel, Mitte der 1950er Jahre aufgenommen

Die Schlachterei, die Käthe Clausen mit ihren drei Töchtern Maika, Anna und Lore sowie mit Schlachtermeister Andreas Hagge nebst Auszubildenden betrieb, war immer einen Besuch wert. Bis auf die Montage, an denen wurden die Tiere, die draußen im Pferch auf ihr Schicksal warteten, getötet.

Das war mir unheimlich, deshalb machte ich an den Tagen einen weiten Bogen um das Haus. Doch dienstags war es mit der Schlachtung vorbei, und dann gab es für mich dort einiges zu sehen und zu erschnüffeln. Die hintere Tür zur Schlachterei stand meistens offen und mächtige Dampfschwaden entstiegen dem Raum. Im Türrahmen stehend konnte ich gut übersehen, was im Innern vor sich ging. Die Schlachter waren emsig mit der Fleischverarbeitung beschäftigt und kümmerten sich nicht um den kleinen Zuschauer, zumal auch ihn Dunstnebel umgab. Mein Blick ging auf eine große Zinkwanne mit heißem Wasser, in der Wiener Würstchen gebrüht wurden. Andreas Hagge wird mir meinen Appetit angesehen haben, denn er tat einen Griff in die Wanne, nahm ein Würstchen und reichte es mir mit den Worten: „Hier nimm und nun hau ab!" Mit dem knackfrischen heißen Würstchen in der Hand zog ich zufrieden davon.

Die golden geräucherten Wiener gab es natürlich auch im vorderen Laden zu kaufen. Wenn meine Mutter mich manchmal zum Einkaufen mitnahm, schenkte mir „Tante Käthe" oft ein Würstchen. Aber frisch gebrüht waren sie unvergleichlich. Ladenbesuche waren meist reine Frauenveranstaltungen mit kindlichem Anhang, gelegentlich betrat als einziger Mann der Schlachtermeister oder sein Lehrling den Raum, um frische Ware zu bringen. Die Chefin und ihre Töchter bedienten, gelegentlich auch Andreas Hagge. Käthe Clausen war eine unterhaltsame Geschäftsfrau. Alle Kunden mochten Sie, denn sie besaß Humor, war gesprächig und konnte herzerfrischend lachen. Mir erschien es manchmal so, dass im Laden mehr erzählt als gekauft wurde. An Wochenenden ging der zukünftige Sonntagsbraten über die Theke, unter der Woche eher Hackfleisch, Würstchen, Bratwurst und saure Rolle für kleines Geld und schnelle Küche. Streichwurst, Wurstaufschnitt und Schinken gab es seinerzeit natürlich auch, aber in sehr viel bescheidenerem Umfang als heute.
In den 50ern wurde die Ostenfelder Schlachterei so betrieben, wie kritische Verbraucher es heute wieder fordern. Die Tiere wurden auf den Höfen der Umgebung persönlich begutachtet und eingekauft, ihr Futter kam überwiegend aus regionalem Anbau und die Transportwege waren kurz. Vom Viehstall zur Viehwaage beim Gastwirt Walter Andresen, der vereidigter Wieger war, bis vor die Tür der Schlachterei konnte jeder sehen, welchen Weg die Tiere nahmen und in welchem Zustand sie sich befanden.

Käthe Clausen (links) und „Tan Tiedde"Christine Hinrichsen
vor dem Schlachterladen

Die Schlachterei in Ostenfeld existierte erst seit 1927. Seit 1933 war sie im Besitz der Familie Clausen. Davor gab es hier offenbar noch keinen Betrieb dieser Art. Hausschlachtungen waren noch bis in die fünfziger Jahre weit verbreitet. Hans Laß war wohl der letzte, der sie ausführte. Die Schlachterei diente damals auch als Dienstleister für Haushalte mit eigenen Schweinen. Sie besorgte die Schlachtung, Zerlegung und das Räuchern der Mettwürste und Schinken, die daheim jeder nach eigenen Rezepturen zubereitete. Mehrere Kaufmannsläden im Dorf besaßen Vorrichtungen, mit denen die Wurstkonserven gedeckelt und zu Hause durch Kochen sterilisiert werden konnten. Bei diesem Grad der Selbstversorgung waren die Entwicklungsmöglichkeiten der Schlachterei begrenzt.

1966 übergab Käthe Clausen (1913 – 1999) ihrem Sohn Uwe, Schlachtermeister mit weitläufiger Berufserfahrung, den Betrieb.

Unterstützt von seiner Frau Helgard und Andreas Hagge (1911 - 1988) vergrößerte er die Schlachterei produktionstechnisch und personell erheblich, um unter veränderten Marktbedingungen bestehen zu können. Durch einen Großkunden erzielte der Betrieb über Jahre gute Umsätze und war ein wichtiger Arbeitgeber und Steuerzahler im Ort. Heute existiert der Betrieb nicht mehr. Wer einen Braten auf dem heimischen Tisch sehen möchte, muss ihn sich nun in der Stadt besorgen.

Die Meierei

Wir wohnten in den 1950er Jahren in unmittelbarer Nachbarschaft zur Meierei in einem bescheidenen Giebel-Zimmer unterm Dach einer alten Villa. 1951 geboren, kann ich mich an die ersten Jahre meiner Kindheit nicht erinnern. Aber bald, mit vier, fünf Jahren, nahm ich wahr, was für ein quirliges Leben sich um mich herum abspielte. Täglich versammelten sich frühmorgens und am späten Nachmittag Menschen, Pferdegespanne und Traktoren, um die in Kannen transportierte Milch in der Meierei abzuliefern. Es machte ziemlichen Lärm, wenn die stählernen Kannen auf Gleitrollen ins Gebäude wackelten. Die frisch gemolkene Milch, die die Kühe von den umliegenden Weiden hergaben, wurde in der Meierei zu Trinkmilch, Sahne, Butter und Quark verarbeitet - und zu Käse, der als „Ostenfelder Tilsiter" weithin geschätzt war.

Die Milchanlieferer – große und kleine Bauern, Melker und Melkerinnen – mussten die schweren Kannen selbst auf das Förderband hieven. An der Rampe stauten sich die Fuhrwerke, für manche eine willkommene Gelegenheit zum Plaudern und Austausch von Neuigkeiten. Auf der Rücktour zum Hof wurde vor dem Laden von Ernst Lunks oft ein Zwischenstopp eingelegt, um noch Einkäufe zu erledigen.

Es gab auch mehrere Kleinmengen-Anlieferer. Einer von ihnen war ein alter Mann, der täglich mit zwei Milchkannen am Fahrrad zu Meierei fuhr. Ich kannte nicht seinen wirklichen Namen und wusste nicht viel von ihm. Er bewohnte mit seiner Familie eine kleine Kate an der Sandkuhle. Deren Lebensverhältnisse müssen sehr bescheiden gewesen sein. Andere Kinder erzählten, dass dieser Mann, „Onkel Krüschan", ein gutes Herz habe. Seine stille zurückhaltende Art und seine freundliche Ausstrahlung nahmen mich für ihn ein. Eines Tages, ich ging noch nicht zur Schule, fragte ich ihn, ob er wohl einen Groschen für mich habe. Er sagte nichts, holte sein Portemonnaie hervor, reichte mir das Geldstück und strich mir dabei lächelnd übers Haar. Noch heute, wenn ich an diese Begebenheit und an diesen guten Menschen zurückdenke, schäme ich mich für meine Bettelei.

Kleine Milchfuhre in den 1930er Jahren. Anne Simon (rechts)
und Annemarie Henningsen

Regelmäßig steuerten überhoch mit Holzfässern beladene große Lastkraft-wagen die Meierei an. Eine alte Fotografie der Wittbeker Meierei, entstanden um 1900, zeigt das Gebäude mit einem Stapel solcher Fässer. Sie waren demnach bereits lange in Gebrauch. Diese sonderbaren großen Behälter mit Holzreifen um die gewölbten Bäuche faszinierten mich, und natürlich wollte ich herausfinden, was es mit ihnen auf sich hatte.

Ich schlich mich unauffällig in die lauten, nass-kühlen Betriebsräume der Meierei und gelangte zu einer Maschine, die einen mächtigen Butterstrang herauspresste, der in ein darunter stehendes Fass glitt. Das war also des Rätsels Lösung: Das Fass, ausgeschlagen mit Fettpapier, diente dem Buttertransport. Ein Zeitungsartikel von 1951 berichtet über die Anfertigung und Aufarbeitung alter Butterfässer in der Böttcherei Wohlert in Süderbrarup. Waggonweise wurden die gebrauchten Fässer dort angeliefert, anschließend von außen sauber abgeschabt, neue Reifen aufgetrieben und neue Deckel aufgesetzt. Alle drei Tage ging eine LKW-Ladung an die Molkereien der Umgebung. Für einen Laien sei es kaum möglich gewesen,

Ansicht der 1893 gegründeten Wittbeker Genossenschaftsmeierei
mit den damals gebräuchlichen Butterfässern

das aufgearbeitete Faß von einem neuen zu unterscheiden, heißt es in dem Bericht. Die Butterfässer wurden ausschließlich aus Buchenholz hergestellt, da nur diese Holzart den Geschmack der Butter nicht beeinflußte. Ende der 1950er Jahre verschwanden die leichten hölzernen Fässer; mit ihnen ging auch eine traditionelle Handwerkskunst für immer verloren.

Alles, was vor und in der Meierei passierte, zog mich magisch an. Die großen, lauten Maschinen, riesenhafte silberfarbene Stahltanks und emsige Meiereigehilfen in weißen Gummistiefeln und Schürzen bildeten eine Bühne voller Attraktionen für den kleinen neugierigen Beobachter. Wenn ich an diese Zeit zurückdenke, rieche ich wieder diese unverwechselbare Duftmischung von frischer Milch, reifendem Käse (in den Kellerräumen), Pferdeschweiß, Treckerdiesel und glimmendem Tabak - eine Melange, die meiner Kinderjahre umwehte.

1992 wurde der Meiereibetrieb geschlossen. Einem Gerücht zufolge sollte in den Kellerräumen eine Pilzzucht eingerichtet werden. Aber glücklicherweise erfuhr die 1929 erbaute Meierei eine Wiederbelebung. Hauke und Maike Koll erwarben das riesige Gebäude, renovierten es mit erheblichem Aufwand und konnten im Jahr darauf wieder Milch zu Käse verarbeiten. Der Ostenfelder Tilsiter wurde dank des Engagements der Kolls und ihrer Mitarbeiter wieder zu einer erfolgreichen Käsemarke. Neben diesem Traditionsprodukt entstehen mittlerweile an die dreißig Sorten, konventionell hergestellte wie auch solche aus Bio-Kuhmilch und Ziegenmilch. Jährlich werden etwa eine Million Liter Milch verarbeitet und machen in veredelter Form den Namen unseres Dorfes für Käsekenner weithin zum Begriff.

Hein und die Seekönigin

Einst gab es zahlreiche Teiche in der Umgebung von Ostenfeld. Viele wurden im Zuge der staatlich verordneten Flurbereinigung in den 1960er und 1970er Jahren zugeschüttet. Doch einige blieben erhalten und erscheinen heute wie kleine Oasen in einer zunehmend gleichförmigen Wiesen- und Ackerlandschaft. Wer ihnen zufällig als Wanderer oder Radfahrer im Sommer begegnet und auf ihrem Wasserspiegel prächtige weiße Seerosen auf dunkelgrünem Blattwerk entdeckt, fragt sich vielleicht: Wieso blüht hier so unvermittelt diese schöne Blume?

Die Weiße Seerose - Königin unter den Wasserblumen

Nun, das ist eine Geschichte, die mehrere Jahrzehnte zurückliegt. Der gebürtige Ostenfelder Heinrich („Hein") Ketelsen (1924 - 2010) erlernte den

Gärtnerberuf im Gartenbaubetrieb von Leo Spaeth. Nach dem Krieg gab es für Gärtner jedoch nur wenig zu tun, und so sattelte Hein als Maurer ins boomende Baugewerbe. Bis zur Rente blieb er in der Branche und baute für sich und seine Kinder selbst drei Häuser. Aber seine Naturverbundenheit und sein Herz für Blumen und andere Gewächse hat er dabei nie verloren. Eines Tages kam ihm durch die zufällige Begegnung mit Seerosen der Gedanke, diese Königin unter den Wasserpflanzen in umliegenden Teichen zu verbreiten. Und so entstand über die Jahre eine von ihm geschaffene blühende Teichlandschaft um das Dorf herum.

„Hein" mit seinem Enkel Tim im liebevoll gepflegten Garten

Hein besaß versteckt in einem Waldstück eine geheim gehaltene Wasserstelle, in dem er die Seerosen vermehrte und einzelne Pflanzen daraus in geeignete Teiche aussetzte. Diese mussten eine sehr gute Wasserqualität, ausreichende Tiefe und eine besonnte Lage aufweisen, damit

31

sie Seerosenteiche werden durften. Auch der Westerteich im Dorf wurde von Hein und dem Gemeindearbeiter Erwin Zielke vom Boot aus mit der Wasserblume bepflanzt. Viele Jahre gedieh sie dort prächtig und nahm eine immer größer werdende Fläche ein. Ein strenger Frostwinter beendete jedoch vor einigen Jahren ihr Dasein.

Andere Seerosengewässer fielen der Flurbereinigung zum Opfer. Aber es gibt sie noch, die von Hein ausersehenen Refugien für die Weiße Seerose (Nymphaea alba) oder Wasserlilie, wie sie der Volksmund bezeichnet. Nur diese Art und keine andersfarbige Variante oder gar die gelbe Teichrose kam für Hein in Betracht. Er war Naturfreund und leidenschaftlicher Hobbygärtner und liebte es, mit seinem Sohn querfeldein durch die Landschaft zu streifen. Seinen eigenen Gemüsegarten pflegte er liebevoll, baute sich ein Gewächshaus und erntete seine eigenen Tomaten und Gurken. Auch angelte Hein gern und setzte heimlich in mehrere Teiche Fische aus, vor allem Schleie. Wer also heute in so einem Gewässer – vielleicht unter Seerosenblättern – überraschend eine Schleie fängt, begegnet, ohne es zu ahnen, der freundlichen Hinterlassenschaft von Hein Ketelsen.

Ein Zeitzeuge aus dem Nachbarort

Ältere Dorbewohner blicken gern auf ihre Kindheit und Jugend zurück, weil es doch oft die schönste Zeit in ihrem Leben war. Aufgeschrieben findet man solche Erinnerungen allerdings selten. Der in Winnert geborene Carsten Petersen Krieger (1887 - 1975) ist einer der Wenigen, der uns einen Bericht über die hiesigen Lebensverhältnisse vor gut hundert Jahren hinterließ, die es so ähnlich auch in Ostenfeld gegeben haben mag. Aber er führt uns auch direkt in Ostenfelder „Verhältnisse":

Carsten wurde als 6. Kind eines Landarbeiterehepaares geboren. Mit sieben Geschwistern wuchs er um die Wende vom 19. ins 20. Jahrhundert in bescheidenen Verhältnissen in dem kleinen Dorf Winnert auf. Sein Vater bekam im Winter für ein Tagwerk achtzig Pfennige, sofern er überhaupt Arbeit bekam. Im Sommer gab es eine Reichsmark oder etwas mehr. Das reichte nicht zum Unterhalt einer so großen Familie, und so musste auch die Mutter im Sommer auf dem Feld eines Bauern mitarbeiten. „Einen Sommer hatte meine Mutter das Melken der Kühe angenommen für 30 Pfennig den Tag. Da musste sie im Spätsommer, wenn das Nachgras so weit war, nach den Wiesen in der Nähe der Treene zum Melken. Nachts stand sie dann um drei Uhr auf." Im Winter brachte der Vater den Wochenlohn von 4,80 Reichsmark sonnabends spät nach Hause. Dann musste einer der Kinder zur Winnerter Mühle und Roggenmehl holen. 25 Pfund kosteten damals etwa drei Reichsmark. Noch am selben Abend wurde das Mehl zu Brotteig verarbeitet, eingesäuert und am Sonntagmorgen zu einer Wochenration Brote verbacken.

Landarbeiter, die länger in Diensten eines Bauern standen, erhielten gewisse Privilegien. Sie durften auf einer Moorfläche, die dem Bauern gehörte, für den Eigenbedarf bis zu 10.000 Stück Torf stechen, der getrocknet als Brennstoff für den oft einzigen Ofen im Haus diente. Auch ein Stück Ackerland für den Kartoffelanbau durften sie nutzen und im Winter für sich einen Knick abholzen. „Jeder Bauer hat damals noch Flachs angebaut. Die Bauersfrau hat den Flachs und die Dienstmädchen haben den Abfall, Hede genannt, gesponnen." Das war eine Arbeit für den Abend und ging bis neun

Uhr. Danach war allgemein Schlafenszeit, denn der nächste Tag begann früh. Aus dem gesponnenen Garn machte der Weber Leinenstoffe. Das grobe Tuch von der Hede wurde zu Kornsäcken verarbeitet. Auch das Roggenstroh fand eine zusätzliche Verwendung. Männer drehten es zu Tauen zusammen, die zum Festbinden der Dacheindeckung und als Sitzgeflecht von Sesseln und Stühlen verwendet wurden. Alles war kostbar, nichts kam weg.

Die Kinder wurden streng und christlich erzogen. „Wenn unsere Mutter des Morgens in der Küche war und das Frühstück fertig machte, welches manches mal knapp war, sang sie immer: 'Wer nur den lieben Gott lässt walten'". Die Dorfschule stand noch bis 1908 unter kirchlicher Aufsicht. An vier Tagen in der Woche wurde ganztägiger Unterricht abgehalten. „Die Kinder der Arbeiter wurden im Alter von zwölf Jahren im Sommer vom 15. April bis zum 15. Oktober vom Schulbesuch befreit und kamen zu Bauern." Die Knaben wurden als Jungknechte und die Mädchen als Haushaltshilfe und zur Kinderbetreuung eingestellt. „Mein Lohn für den ganzen Sommer betrug 20 Reichsmark und ein Kilo Schafwolle." Im Winter gingen die vom Unterricht Befreiten wieder in die Schule.

Die zunehmende Mechanisierung der Landwirtschaft entzog den Menschen immer mehr Arbeitsmöglichkeiten. Das Roggenstroh, das den meisten Häusern des Dorfes ein Dach gab und bis dato von Hand gedroschen wurde, bearbeitete bald eine dampfbetriebene Maschine, die sich ein Ostenfelder Schmiedemeister angeschafft hatte, und mit der er in die benachbarten Dörfer zog. Im Winter wurde die Arbeit besonders knapp, dann flochten manche Landarbeiter Weidenkörbe oder schnitzten Wäscheklammern aus Haselholz. Für einen Korb lag der Preis je nach Größe zwischen 50 Pfennigen und einer Reichsmark.Wäscheklammern kosteten je Dutzend 10 Pfennig. Viele Landarbeiter zogen mit ihren Familien in die Stadt, weil sie hofften, dort ein besseres und leichteres Auskommen zu finden. Zurück blieben nur diejenigen, „ die selber etwas Land für ein oder zwei Kühe hatten und die zu alt waren, um wegzuziehen."

Wenn im Oktober die Feldarbeiten beendet waren, begann das große Schlachten von Rindern, Schweinen und Gänsen. „Im Spätsommer kamen hier Händler mit großen Trupps pommerscher Gänse an. Damit zogen sie von Dorf zu Dorf." Die Bauern suchten sich dann die besten Gänse für die Mast aus. Nach jedem Schlachten wurde ein Fest gefeiert, das oft schon nachmittags begann und bis nachts um zwei, drei Uhr dauerte. „Alkohol spielte dabei auch eine große Rolle."

Um 1900 gab es in Winnert wie auch in den meisten anderen Dörfern noch keine richtigen Landstraßen. Carsten musste in den Wintermonaten den Konfirmandenunterricht in Ostenfeld besuchen. Nach dort führte nur ein Sandweg durch die Winnerter Feldmark. Den mussten alle Winnerter nehmen, wenn sie nach Ostenfeld wollten. Vor allem der sonntägliche Kirchgang und die Gottesdienste zu besonderen Feiertagen zog sie dorthin. Zu „Weihnachten, Ostern und Pfingsten war die Kirche meistens so voll, dass wir größeren Kinder stehen mussten, weil nicht genügend Sitzplätze vorhanden waren. ...Während unseres Konfirmandenunterrichts mussten wir jeden Sonntag die Kirche besuchen und von der Predigt aufschreiben, was wir behalten hatten. Auch zur Konfirmation gingen wir mit den Eltern zu Fuß, weil die Bauern uns Arbeiterkinder selten mitnahmen. Für meine Eltern war es in ihrer Kinderzeit noch schlechter gewesen. Meine Mutter hat uns oft erzählt, dass sie mit sieben Jahren [im Jahr 1858] schon zu einem Bauern in Rott als Kindermädchen gekommen war. Obwohl die Kinder des Bauern einen Hauslehrer hatten, musste sie in ihren Holzpantoffeln nach Ostenfeld in die Schule. Denn das war nicht möglich, dass ein Arbeiterkind mit den Bauernkindern zusammen unterrichtet wurde."

Nach seiner Konfirmation im Jahr 1903 begann Carsten eine Lehre als Maurer und Zimmerer. Er arbeitete danach vier Jahre als Geselle, wurde dann aber nach Hause gerufen, weil seine Eltern nicht mehr alleine zurecht kamen.

Carstens Vater, der 1846 ebenfalls in Winnert geboren wurde, wuchs in einer Zeit auf, als dieser Landstrich noch unter dänischer Herrschaft stand. Zur Versorgung ihrer Garnison unterhielt das dänische Militär in jener Zeit eine Schlachterei auf einem Bauernhof in Winnert. Der Vater erlebte noch die großen Viehtriften, die zu Fuß von Dänemark über Ostenfeld nach Hamburg zu den Viehmärkten führten.

Ostenfeld war einst Durchgangsstation für Viehtriften aus Jütland.
Zeitgenössische Darstellung um 1860.

Die armen Treiber waren auf Holzpantinen unterwegs.Viele machten Rast in Ostenfeld und nächtigten hier auch. „Vater war von seinem 9. bis zum 19. Lebensjahr in der Gastwirtschaft bei der Kirche [beschäftigt]. Der damalige Wirt war H. Hennings, bei dem die Dänen auch meistens übernachtet haben. Die Kinder riefen den Dänen hinterher: 'Hannemann kommt von Jütland an, Hannemann hett bloß Holtscho an, Hannemann mutt sick Stüveln kopen, denn kann Hannemann bäder lopen.' Der Besitzer dieser Viehtriften ist beritten hinterher gekommen. Auf dem Rückweg hat er seinen Erlös vom Verkauf der Tiere in Pack- oder Satteltaschen mitgeführt. Einmal hatte der Däne seine Packtaschen mit dem Geld in der Gaststube liegenlassen. Beim Aufräumen der Gaststube kommt das Dienstmädchen und sagt zum Wirt, der Däne hätte sein Geld liegenlassen. Darauf antwortet dieser: Das lass man liegen, denn in drei Wochen kommt er ja wieder. Da haben die Packtaschen drei Wochen mit dem Geld in der Gaststube gelegen. Beim Nachzählen hat auch nicht ein Taler gefehlt. Mein Vater hat auch noch in Ostenfeld erlebt, wie 1864 die Dänen aus Schleswig-Holstein vertrieben wurden. Eines Morgens kommt der Pastor Stege [Julius Georg Nicolaus Steger] bei dem Wirt an und sagt: 'Mein lieber Nachbar, nun haben die Dänen diese Nacht meine beiden Pferde mitgenommen.' Der Gastwirt antwortet ihm: 'Das sind doch Eure Landsleute, denn Sie sind doch auch ein Dannebrogsmann.'"

Carsten Petersen Krieger lebte zeit seines Lebens, nur unterbrochen durch die Weltkriege, in seinem Geburtsort Winnert. Er arbeitete als Handwerker, Bauer und Milchkontrolleur, betrieb auch eine Imkerei. Er wurde 87 Jahre und fand seine letzte Ruhestätte auf dem Ostenfelder Friedhof.

Die Schule

Im Frühjahr 1958 kam ich in die erste Klasse der neu erbauten Volksschule. Davor genoss ich ein verhältnismäßig freies Leben, das mit dem ersten Schultag schlagartig endete. Ich hatte pünktlich zu erscheinen, musste gerade und still auf einem harten Stuhl sitzen und durfte nicht mehr einfach drauflosreden. Wenn ich etwas sagen oder fragen wollte, sollte ich zuerst den Arm in die Höhe strecken und zur Lehrerin blicken. Nur wenn sie mir darauf ein Zeichen gab, war mir erlaubt, zu sprechen. Das fand ich umständlich und unnötig, und es unterdrückte meinen Elan. Da aber alle Kinder Lesen, Schreiben und Rechnen lernen müssen und auch wollen, fügte ich mich, so gut ich es vermochte.

Ich nehme an, dass meine Mitschüler genau wie ich mit großen Erwartungen, aber auch gewissen Ängsten zum ersten Mal die Schule betraten. Die Erwachsenen hatten uns die Institution wieder und wieder gepriesen. Die Lehrer seien nett, sie würden mit uns singen und Spiele spielen, und wir würden einen Ranzen und eine große Tüte mit herrlichen Süßigkeiten am Einschulungstag bekommen. Um es kurz zu machen: Die Schule erfüllte nur zu einem geringen Teil diese Verheißungen. Die Süßigkeiten entpuppten sich als einmaliges Lockmittel, die Lehrer waren überwiegend streng und verlangten unseren kleinen Händen den mühsamen Umgang mit Griffel und Schiefertafel ab. Wenn die letzte Schulstunde endete, war das für mich wie eine Befreiung, und ich jubelte innerlich; laute Freude entsprach nicht den Anstandsregeln. Auch außerhalb der Schule stand ich unter der Kontrolle der Lehrer und ihrer Familienangehörigen. Einmal unterließ ich es, die Frau des Hauptlehrers zu grüßen; ich kannte sie gar nicht. Für diese Unterlassung erhielt ich am nächsten Tag von ihrem Mann eine unmissverständliche Belehrung darüber, wie sich kleine Menschen Großen gegenüber zu verhalten hätten. Er selbst war uns in der Hinsicht ein leuchtendes Vorbild. Er trug bei seinem täglichen Gang durchs Dorf stets einen Hut und lüftete ihn unzählige Male, denn ihm begegneten viele Mitbürger.

Von Schuljahr zu Schuljahr wuchs unser Wissen. Neben den

Standardfächern wurden wir bald auch in Religionslehre und Heimatkunde unterrichtet, wobei das Religionsfach im Zeugnisheft auf allen Seiten an erster Stelle stand. Wir lernten ganz unterschiedliche Lehrerpersönlichkeiten kennen: Musisch begabte, freundliche, herbe, junge und manche alte, denen noch der Geist einer unrühmlichen Vorzeit anhaftete. Für uns waren sie Autoritäten, die die Welt kannten und alles wussten. Wenn sie uns bestraften zweifelten wir nicht, dass sie im Recht waren. Manche Jungen, Mädchen blieben von Schlägen aufs Hinterteil verschont, wurden vor aller Augen fürchterlich mit dem Stock traktiert, weil sie ihre Hausaufgaben nicht vorweisen konnten oder wegen ähnlicher harmloser Vergehen. Wenn es hieß „Hausaufgaben hervorholen!", ging bei manchen die Angst um. Wenn ein Schüler Prügel bezog, spürten auch wir übrigen die niedergehenden Schläge körperlich. Denn keiner von uns Jungen konnte sicher sein, an diesem Tag straflos davonzukommen. Und wer heute verschont blieb, den konnte es an einem anderen Tag erwischen. Insofern fühlten wir uns solidarisch mit den Gepeinigten. Nach so einer Prügelaktion fiel es uns schwer, uns auf den Unterrichtsstoff zu konzentrieren oder in ein fröhliches Lied einzustimmen. Ausgerechnet jener Lehrer, der gern und oft mit uns oft sang, wunderschöne Melodien auf dem Klavier und seinem Akkordeon zauberte, schlug uns am häufigsten. Ich konnte nicht verstehen, wie ein so musisch veranlagter Mensch eine solche Strenge in sich vereinen kann.

Für unser späteres Leben haben die vielen Jahre auf der Schulbank nicht das vermittelt, was sie hätten vermitteln können: Begeisterung für das Lernen, Wecken von Neugier, Umgang mit praktischen, lebensnotwendigen Dingen, Übungen für ein respektvolles Miteinander, vorurteils- und angstfreien Unterricht ohne Anwendung von Prügelstrafen. Stattdessen saßen wir Tausende unnötiger Stunden dort ab. Vom standardisierten Schulbuchwissen blieb nur wenig haften und half uns kaum, unser Leben zu bewältigen. Doch mein Schulbesuch in Ostenfeld hatte auch seine guten Seiten. Ich gewann Spielkameraden dazu und lernte all die Kinder der anderen Dorfviertel kennen, denen ich zuvor noch nicht begegnet war. Wir erlebten stramm organisierte, aber fröhliche Ausflüge in den Wald und über Wiesen begleitet von Frühlingsliedern, die besonders die Mädchen inbrünstig vortrugen. Mir gefielen die sportlichen Veranstaltungen, etwa die Bundesjugendspiele, bei denen Urkunden für besondere Leistungen winkten, die jährlich einmal abgehaltenen Kinderfeste mit allem was dazu gehörte: Die Aussicht auf einen Königstitel, spannende Wettbewerbe, Naschen bis zur Übelkeit, für einen Moment Mittelpunkt der Welt zu sein. Zu den Höhepunkten im Schulalltag zählten auch ein- und mehrtägige Ausflugfahrten an die Nord- und Ostsee, nach Hamburg, ins Schullandheim Glücksburg und an den Rhein. Auch die Welt des Theaters durften wir erschnuppern. Wir besuchten eine weihnachtliche Märchenvorstellung auf einer Husumer Bühne und die Operette „Der Zigeunerbaron" in Flensburg. Wir kannten ja nur die kleine Kasperle-Bühne aus Schulvorstellungen; die Theateraufführungen in der Stadt mit richtigen Schauspielern, Sängern und Tänzern hatten dagegen den Hauch von „großer Welt", und die zu erleben war für uns außergewöhnlich. Ich glaube, wir verdankten dieses Erlebnis unserem beliebten Musiklehrer, Herrn Rettberg. Er kam als bereits pensionierter Lehrer an unsere Schule und befreundete uns mit Musik und Chorgesang. Ich mochte ihn sehr, denn er besaß eine feine sanfte Art, sah und förderte unsere Talente und bereicherte uns nicht nur in musikalischer Hinsicht. Er war gerecht, und er schlug uns nicht.

Mir gefielen auch die vielen hübschen Mädchen, mit denen wir den Klassenraum teilten. Ich verliebte mich nacheinander in mehrere von ihnen. In eine besonders und auf Dauer. Aber ich war Mädchen gegenüber zu schüchtern und vermochte die Angebetene nicht anzusprechen. Ich vermisste sie in den Schulferien und freute mich darauf, wenn die Schule wieder begann – aber nur, um *sie* wiederzusehen. Ein Unterricht in Liebesangelegenheiten wäre für mich das richtige Fach gewesen.

Unser Lehrer, der Erzähler

Auf seinem imposanten Grabstein stand schlicht: Henrich Hansen, Schriftsteller, 1895 - 1976. Sonst nichts. Er war einst mein Lehrer an der Otto-Thießen-Schule in Ostenfeld. Aber seinen wirklichen beruflichen Hintergrund kannte ich damals nicht. Erst mehrere Jahre nach seinem Tod erfuhr ich Erstaunliches über sein Leben.

Es war das Jahr 1963. Ich war zwölf Jahre alt, Volksschüler, und saß zusammen mit den Schülerinnen und Schülern der 5. - 7. Klasse in einem Unterrichtsraum. Unser Klassenlehrer war Henrich Hansen, ein Mann von ungewöhnlicher Art. Er stand kurz vor seiner Pensionierung. Für mich besonders bemerkenswert: Er schlug uns Schüler nicht, wie andere Lehrer es oft taten. Er war humorvoll, entspannt, ja gemütlich, und unkonventionell, wenn es darum ging, vom Lehrplan abzuweichen.

Wenn ich mich recht erinnere, unterrichtete er uns in Deutsch und Zeichnen. Eine Jahreszeit wie den Frühling bedachtete er mit lyrischen Versen, die eine Schülerin in feiner Schrift an die Tafel schrieb, und die er in einer Unterrichtspause in bunten Kreidefarben mit Blumen, Gräsern und Blättern kunstvoll umrankte. Zu Beginn seiner Unterrichtsstunde schlug er dann die Tafel wie eine Bühne auf, und wir Schüler staunten über die Schönheit seines Werkes. Unsere Aufgabe war, das Gedicht samt Verzierung in unser Heft sorgfältigst zu übertragen. Er nahm dann seinen Platz am Pult ein und widmete sich entspannt anderen Aufgaben, etwa der Durchsicht von Klassenarbeiten. Oft schickte Henrich Hansen während solcher „Stillarbeit" einen Schüler mit einem Spezialauftrag ins Dorf. Auf der Poststelle waren seine Briefe abzuholen und auf dem Rückweg bei Kaufmann Lunks ein Kilo Weintrauben zu kaufen. Während seine Schüler weiter brav von der Tafel abschrieben, las unser Lehrer seine Post und verspeiste dabei genüsslich die süßen Trauben. Auch Hans-Andreas Hansen erlebte Henrich Hansen als obstessenden Lehrer im Unterricht, damals in den hungervollen Nachkriegsjahren, und sagt sich daran erinnernd: „Wir aßen praktisch mit." Unsere Unterrichtsstunden mit Lehrer Hansen vergingen oft still und ereignislos. Gelegentlich gab es kleine Unterbrechungen des Unterrichts.

So kam regelmäßig der Briefträger in die Klasse, um Henrich Hansen eine Bar-Anweisung auszuzahlen, Honorare für seine Artikel in den „Husumer Nachrichten". Ein paar Groschen davon wechselten ebenso regelmäßig aus seinem Portemonnaie in die Hand eines Schülers oder einer Schülerin, die er mit dieser Gabe zum Geburtstag bedachte.

Manche Unterrichtsstunde eröffnete er mit: „Heute will ich euch eine Geschichte erzählen". Wir wussten, was nun folgte und freuten uns auf „großes Theater". Er berichtete uns dann von seinen Reisen in ferne Länder zu fremden Völkern und schilderte uns vorzugsweise seine Erlebnisse als junger Offizier in Ostafrika, wo er gegen revoltierende „Neger"-Stämme kämpfte. Seine Art, spannend, gestenreich und in bildhafter Sprache zu erzählen, war bühnenreif. Staunend erfuhren wir von seinen großen Taten und Begegnungen in Afrika, hörten unseren Lehrer eine uns unbekannte Sprache sprechen. Es sagte, es sei Suaheli, die am weitesten verbreitete Sprache Ostafrikas. Die Dörfer in diesem Teil des Kontinents würden sich noch mit Trommeln verständigen, etwa wenn sich Besucher ankündigten oder die Hilfe eines Medizinmannes erbeten wurde. Henrich Hansen gab uns mehrfach Kostproben solcher Trommelsignale, indem er rhythmisch auf sein Lehrerpult donnerte. Wie damals im „Busch" dröhnte es durch die ganze Schule, aber niemand seiner Kollegen schaute zur Tür herein, um nach der Lärmquelle zu fragen. Vermutlich wussten alle, dass hier gerade wieder eine Schulklasse durch Afrika zog. Für uns war diese Art der Unterrichtsgestaltung die beliebteste. Wenn es Unterricht streng nach Lehrplan gab und wir ermüdeten, warf oft einer von uns Schülern den Rettungsanker und bat, der Herr Lehrer möge uns doch eine Geschichte erzählen. Es klappte immer. Er ließ uns wissen, dass er bereits mehrere Romane geschrieben habe und gerade an einem neuen Werk arbeite. Er wünschte sich, noch an einer Arktisexpedition teilzunehmen und über die Erlebnisse ein Buch zu schreiben.
Nach seiner Pensionierung blieb er weiterhin journalistisch aktiv und engagierte sich vielfältig im kulturellen Bereich. Unvergesslich sind manchen Ostenfeldern die von ihm geführten Gruppenreisen, etwa nach Paris. Er vermochte nicht nur Schüler ausgezeichnet zu unterhalten und war daher ein allseits beliebter Zeitgenosse wie auch eine schillernde und rätselhafte Persönlichkeit.

Henrich Hansen und seine Schüler Anfang der 50er Jahre im alten Schulgebäude

Was für eine Lebensgeschichte verbarg sich hinter diesem Mann, der die Welt bereiste und so viel erlebt hatte? Die Antwort fand ich Jahrzehnte später in seinem Nachlass im Kreisarchiv Nordfriesland.

Aus den Dokumenten geht hervor, dass Henrich Hansen examinierter Zeichenlehrer und von 1949 bis 1963 im Schuldienst an der Volksschule in Ostenfeld tätig war. Sein vorheriger Lebensweg verlief ungewöhnlich. Aufgewachsen in Wester-Ohrstedt brachte er bereits als 17jähriger seine erste Erzählung („Von Gold dree Rosen") heraus. 1920 veröffentlichte ein Berliner Verlag seine Kindheitserinnerungen („Da ging ich zu meiner Mutter"). Es folgten weitere kleine Erzählbände, daneben wirkte er als Feuilletonredakteur bei verschiedenen Zeitungen, war Mitbegründer und Herausgeber von Zeitschriften. Mit Beginn der Nazi-Diktatur begann seine politische Karriere: Referent des Bayrischen Kultusministers, Hauptschriftleiter der größten Schülerzeitschrift („Hilf mit!"), die in

Millionenauflage an allen deutschen Schulen vertrieben wurde und Propaganda-Dienste für das Regime leistete, rechte Hand des Reichspressechefs, Herausgeber zahlreicher Propaganda-Machwerke. In amtlicher Funktion reiste er in zahlreiche Länder, begegnete namhaften Persönlichkeiten seiner Zeit (u. a. Sven Hedin und Knud Hamsun). Mit dem Zusammenbruch des „Dritten Reiches" war auch die Karriere von Henrich Hansen zu Ende. Nach längerer Internierung und „Entnazifizierung" durfte er wieder im öffentlichen Dienst arbeiten und wurde schließlich Lehrer an unserer Schule. Nie hörte ich von irgendeiner Seite ein Wort über seine politische Vergangenheit. Im Fach Geschichte wurden die alten Römer, die „sowjetisch besetzte Zone" und Walter Ulbricht, nicht jedoch die NS-Zeit behandelt. Ein so grauenhaftes Kapitel der Zeitgeschichte mochte (und sollte ?) die Schule nicht aufarbeiten. Wie hätte man auch erklären können, dass ein glühender Verfechter und Protagonist der Nazi-Diktatur ganz selbstverständlich zum Lehrkörper gehörte? Ihm, der Führergefolgschaft, Rassenwahn und Kriegsbereitschaft propagiert hatte, wurden wir Kinder anvertraut. Und keiner, der davon wusste, hat protestiert?

Der Pastor

Die Lehrer, der Polizist und der Pastor waren für mich als Kind absolute Respektspersonen, denen ich nicht so gern begegnete. Es gab immer kleine Vergehen, etwa die Frau des Lehrers nicht gegrüßt, einen Apfel gestohlen oder den Kindergottesdienst geschwänzt zu haben. Und die Taten könnten zur Sprache kommen. Diese drei Instanzen der Gerechtigkeit und des anständigen Verhaltens waren immer präsent in unserer Gemeinde. Wer in der Dorfmitte die Hauptstrasse entlang ging, sah sich auf der einen Seite der Straße von der Kirche und gegenüber vom Pastorat flankiert.

Die 1772 erbaute St.-Petri-Kirche in Ostenfeld

45

Allein die Gegenwart dieser imposanten Gebäude gemahnte nicht nur uns Kinder, sondern alle Vorbeiziehenden zu redlicher, gottesfürchtiger Lebensweise. Im Pastorat, das mit seiner stattlichen Größe Macht und Reichtum vergangener Zeiten symbolisiert, residierte ein Kirchenmann, der in mancher Hinsicht außergewöhnlich war: Groß und kräftig von Statur, ein begabter Redner und Sänger mit voluminöser Tenorstimme und mit einem Namen, der zu einem Theologiestudium geradezu verpflichtete. Denn er hieß Kardinal, Friedrich Kardinal.

Pastor Kardinal

1909 in Itzehoe geboren, machte er sein Abitur in Husum, studierte Theologie und erhielt 1937, zur Nazizeit, in Fürstenberg an der Havel seine erste Pastorenstelle. Weitere Stationen waren Orte an der Müritz, am Schweriner See und zuletzt in Boizenburg an der Elbe. Er war Pastor unter zwei totalitären Regimen und seine Dienstorte lagen jeweils in Mecklenburg-Vorpommern in der früheren DDR. Seine Wirkstätten verlagerten sich kontinuierlich von Ost nach West bis an die deutsch-deutsche Grenze. Ende der 1950er Jahre fand er schließlich den Weg zurück

46

nach Westdeutschland und bekam 1959 die Pastorenstelle in Ostenfeld. In den ersten Tagen seines Dienstes schaute er sich im Dorf um. Seine ungewöhnliche Zivilkleidung fiel auf. Sie war nicht „westlich" wie sie die übrigen Dorfbewohner trugen, sondern verriet „ostdeutschen" Stil und damit die Herkunft des „Neuen". Er bezog die Dienstwohnung im Pastorat, blieb hier viele Jahre und prägte das geistliche Leben in Ostenfeld auf seine besondere Art. Zur Vorbereitung christlicher Feiertage kam er gelegentlich in unsere Schulklasse, später unterrichtete er uns Konfirmanden im Pastorat. In der Schule erfuhren wir vom Hauptlehrer im Biologiefach, dass sich alles Leben auf der Erde, vom Einzeller bis zum Menschen, durch Evolution entwickelt hätte. Der Pastor dagegen lehrte uns die Bibelversion, wonach der Mensch und seine Mitgeschöpfe komplett fertig auf die Welt gekommen seien.

Mir gefiel, wie der Pastor mit uns sprach, wie er predigte und wie er auftrat. Wenn er, groß wie er war, in seinem weitärmeligen Talar in den Altarraum schritt, war das stets beeindruckend. Aber geradezu umwerfend klang seine kräftige, klare Tenorstimme. Sie füllte unterstützt von seinem mächtigen Resonanzkörper mühelos den ganzen Kirchensaal. Jeder spürte, wie ihn der Gesang, von der großen Orgel begleitet, beflügelte, und wieviel Gefühl und Energie er in die Lieder trug.

Er verlangte von uns Konfirmanden, regelmäßig den Gottesdienst zu besuchen, anderenfalls würde er uns nicht konfirmieren. Und nach der Konfirmation sei der Gottesdienstbesuch weiterhin Pflicht. Ich folgte diesem Gebot und fand mich als einziger Jugendlicher zusammen mit drei oder vier älteren Damen sonntags in der Kirche ein. Als der Pastor mich in der Predigt ausdrücklich für meine Treue lobte, blieb ich von da an der Kirche fern. Es war mir einfach zu peinlich.

Wenn ich am Pastorat vorbeikam, rief mich der Pastor, ein Kettenraucher, gelegentlich zu sich an die Haustür. Er bat mich, ihm aus dem Automaten beim benachbarten Gasthof eine Packung Zigaretten zu holen. Er hatte ein Beinleiden und war nicht gut zu Fuß. Aber ich glaube, es war ihm auch höchst unangenehm, sich als Geistlicher für jeden sichtbar am Zigarettenautomaten zu bedienen. Zudem ausgerechnet noch bei dem

Gasthof, den er in seinen Predigten geißelte, weil dieser sonntags größeren Zulauf als die Kirche hatte. Einmal erzählte er mir aus seinem bewegten Leben und von seiner Predigt in der Berliner Gedächtniskirche. Er wunderte sich über „ein volles Haus" und glaubte, dies sei wohl seinem Namen geschuldet gewesen, der so viele in die Kirche zog, weil sie den Auftritt eines hochrangigen Geistlichen erwarteten.

Friedrich Kardinal bewohnte während seiner Dienstjahre das Pastorat zusammen mit seiner Mutter, die in ihrer kleinen Gestalt wie ein Kind neben ihm wirkte. Mir schien das große dunkle Gebäude, das die Anmutung einer Festung hat, viel zu groß für ein gemütliches Zuhause. Pastor Kardinal wirkte dreizehn Jahre in Ostenfeld. Früh, im Alter von dreiundsechzig, starb er 1972 im Krankenhaus seiner Geburtsstadt Itzehoe.

Der Dorfpolizist

Kinderfestumzug Anfang der 60er Jahre. Ich war ein kleiner König und führte meine Königin händchenhaltend unter einer blättergeschmückten Bogengirlande durch unser fahnengeschmücktes Dorf. Vor uns die übrigen Königspaare, davor die kleine Musikkapelle und davor eine Einmann-Polizei-Eskorte. Das war meine erste „offizielle" Berührung mit unserem Dorfpolizisten Harald Waschkies. Meine Königsrolle war mir unangenehm, aber durch die polizeiliche Begleitung wurde unser Umzug zu einem Staatsakt und wir Kleinen fühlten uns ganz groß. Wir wurden beachtet, gefeiert und beschützt. Jahre später gab es noch eine offizielle Begegnung mit dem „Wachtmeister": Meinen Antrittsbesuch auf der Dienststelle wegen einer nicht vorschriftsmäßigen Ausstattung meines ersten Autos. Ansonsten blieben meine Familie und ich unbehelligt von der uniformierten Staatsmacht. Viele Bewohner unseres Dorfes sowie der mitbetreuten Gemeinden Wittbek und Winnert könnten manches über „offizielle Begegnungen" mit ihr erzählen.

Aber Harald Waschkies verkörperte die Staatsmacht unaufdringlich in wohltuender Form, aber stets verbindlich. Seine Art passte zum Charakter des Dorfes, und so war er in seiner langen Amtszeit eine geachtete und allgemein akzeptierte Instanz – mit seiner Familie ein zugehöriger Teil der Dorfgemeinschaft.

Harald Waschkies (1929 - 2008) stammte aus der Hafenstadt Memel im Memelland (heute Klaipėda/Litauen). Gegen Ende des Krieges kämpfte er sich als 15jähriger von der östlichsten Ecke Deutschlands bis nach Ostholstein durch, kam in Gefangenschaft und fand nach seiner Entlassung Unterkunft und Arbeit bei einem Bauern. Er erlernte in der Muthesius-Werkschule für Handwerk und angewandte Kunst in Kiel zunächst den Tischlerberuf. Einem wohlmeinenden Rat folgend, bewarb er sich für ein gesicherteres Auskommen für den Polizeidienst. Er wurde angenommen und absolvierte in der Landespolizeischule in Eutin seine zweite Ausbildung. Nach erfolgreichem Abschluss waren seine dienstlichen Stationen Kiel, Eckernförde, Husum und schließlich Bredstedt, wo er seine Frau Doris kennenlernte. Als er von einer frei gewordenen Dienststelle mit Dienstwohnung in Ostenfeld erfuhr, bewarb er sich und wurde 1961 unser neuer Dorfpolizist, Nachfolger von Paul Scharbau und Nachbar von Tierarzt Dr. Karl Sax Feddersen.

Wünschenswert für den Posten war ein verheirateter Polizist. Denn die Ehefrau war bei Abwesenheit des Mannes auch „im Dienst". Für Ehefrau Doris gab es amtlich immer „viel zu regeln". Telefondienst rund um die Uhr, Beratung von Besuchern der Dienststelle bzw. Weiterleitung ihrer Anliegen, gelegentlich auch Begleitung ihres Mannes bei dienstlichen Fahrten. Diese vertragsfreie und unbezahlte Arbeit hat ihr aber Spaß gemacht.

Die Aufgaben des Dorfpolizisten waren vielfältig. Einsätze bei Bränden, Diebstählen, Schlägereien, Verkehrsunfällen, Ausbrüchen von Kühen, Ausweiskontrollen bei Minderjährigen. Dazu kamen nächtliche Streifenfahrten zusammen mit einem Kollegen, die bis nach Nordstrand und Friedrichstadt führten. Die Dienststellen Wester-Ohrstedt und Ostenfeld haben sich gegenseitig vertreten, so dass die Bevölkerung immer einen polizeilichen Ansprechpartner in der Nähe hatte.

Obwohl sich die Kriminalität auf den Dörfern damals in bescheidenem Rahmen hielt, gab es ein dichtes Netz von Polizeistationen. Heute werden zunehmend Diebstähle und Einbrüche selbst in entlegenen Dörfern verübt, die Polizeipräsenz vor Ort jedoch massiv abgebaut.

Harald Waschkies war 28 Jahre unser Polizist. Es gefiel ihm, seiner Frau und den zwei Kindern in Ostenfeld, und so entschieden sie sich hier zu bleiben und ein Haus zu bauen. 1989, als Harald Waschkies 60jährig pensioniert wurde, stand der Umzug in das neue Heim in der Ostergaar an.

Aber so unbemerkt sollte der Wohnungswechsel und der Abschied vom Dienst nicht vonstatten gehen. Seine Freunde überraschten ihn mit einer selbst gebauten Sänfte und trugen ihn von seiner ehemaligen Dienststelle am Schwarzberg in Begleitung vieler Dorfbewohner und der Feuerwehrkapelle in die Ostergaar. Es gab natürlich mehrere Zwischenstopps mit kleinem Umtrunk und Lehrer und Freund Ottfried Behling besorgte die Absperrung eines Straßenzuges.

Nicht mehr im Dienst unternahm Harald Waschkies nun gemeinsam mit seiner Frau ausgedehnte Reisen in verschiedene europäische Länder und besuchte wiederholt seine frühere Heimat im heutigen Litauen. Seine Reiseerfahrungen dokumentierte er häufig fotografisch mit der Kamera. Er hat viele Freunde in Ostenfeld gewonnen; sie werden sich gern an die gemeinsame Zeit mit ihm erinnern.

Mobile Händler

In den 50ern gab es neben den stationären Händlern auch eine Reihe mobiler Kleinunternehmen, die das Dorf zusätzlich mit Lebensmitteln versorgten oder eine andere Form von Handel betrieben. Manche erhielten Beinamen, die auf den Gegenstand ihrer Unternehmen hinwiesen.

Ein echtes Ostenfelder Original war Christine Marx, geborene Eggers. Mit einem großen zweirädrigen Handwagen zog „Stine Stuten" (so nannte man sie nach ihrer begehrten Verkaufsware, den Stuten, einem Hefeweißbrot) zu Fuß durchs Dorf und verkaufte Brot, frische Brötchen und Kuchen der Ostenfelder Mühlenbäckerei. In ihrem Wagen hatte sie auch „Arko" Kaffee – ein Luxusartikel damals. Mittwochs ging sie mit Weidenkörben, sonnabends mit einem geschlossenen Handwagen auf Tour. Sie war alleinstehend, hatte drei Kinder zu versorgen und bestritt ihren bescheidenen Lebensunterhalt mit ganz unterschiedlichen Tätigkeiten, zunächst im Dorf, später in Husum. Eine ihrer Spezialitäten war das Gänseschlachten und -rupfen. Bauern aus dem ganzen damaligen Kreis Husum, teilweise auch aus Dithmarschen, holten sie dazu aus Ostenfeld ab, da sie nicht motorisiert war.

Christine Marx

Sie besaß ein phänomenales Gedächtnis, konnte sich alle Namen ihrer Kunden merken und wusste den richtigen Zeitpunkt, zu dem der Handrupf für die Gänse schmerzfrei war. Er liegt in einer Zeitspanne von nur wenigen Tagen, unmittelbar bevor sich die Federn und Daunen natürlicherweise erneuern. Gänse gehörten einfach zu ihrem Leben. Viele Jahre zog sie auch eigene „Güssel" und junge Flugenten groß und verkaufte sie dann bratfertig. Sie war auch gewissermaßen die beste Lokalzeitung, denn sie brachte und tauschte Neuigkeiten mit Kunden und Dorfbewohnern. Sie beteiligte sich auch gern an politischen Diskussionen und vertrat gut informiert ihren Standpunkt. „Stine" (1911 – 2001) bleibt als eine starke, selbstbewusste Frau, die sich im Leben behauptete, vielen unvergessen.

Eine markante Persönlichkeit war auch Otto (Petersen) „Bütt", der in seinem dreirädrigen „Tempo" Kleinlaster mit Zweitaktmotor regelmäßig durch die Dörfer tourte und Fisch verkaufte. Bereits in den 30er und 40er Jahren war Otto Bütt der Fischversorger für die Ostenfelder. In jener Zeit wurden Heringe am meisten gefragt, weil sie billig und nahrhaft waren. Mit seiner markigen Stimme und dem hellen Klang seiner Messing-Handglocke versammelte er seine Kundschaft um sich und verkaufte direkt von der Ladefläche seines Gefährts. „Hering – so dick as Göring" pries er in der Nazi-Zeit seinen Verkaufsschlager laut über die Straße. Hätte Hermann Göring, der zweite Mann im Nazi-Staat, oder die Polizeistelle von diesem Vergleich gehört, wäre die Verkäuferkarriere für Otto wohl vorbei gewesen. Ottos Frau Christine, die auch nur kurz „Stine" genannt wurde, betrieb zu Kinderfesten ihren beliebten Stand mit Süßigkeiten und Erfrischungen, der in den Durchfahrten der Gasthöfe von Harmsen und Andresen aufgebaut war. Mehrere Jahre besaß sie auch einen Lebensmittelladen in ihrem Haus am Heidweg.

Im Dorf gab es zwar über mehrere Jahrzehnte gleichzeitig zwei Bäckereien (Timm und die Mühlenbäckerei), dennoch belieferten auch auswärtige Bäcker die Dorfbewohner. In den ersten Nachkriegsjahren kam regelmäßig ein Hollingstedter Bäcker mit Pferdewagen, und die Bäckerei in Wittbek hatte ebenfalls ihren Kundenstamm in Ostenfeld. Nach dem Krieg wurde das hofeigene Brotbacken allmählich aufgegeben, aber auf einigen Höfen wurden noch die Teiglinge gefertigt und im Handwagen in die Bäckereien zum Ausbacken gebracht. Auch nach Wittbek, wenn man dort Kunde war. Als Ernst Kolmsee die Wittbeker Bäckerei übernahm, lieferte er regelmäßig seine duftenden Backwaren im VW-Bus persönlich nach Ostenfeld und in andere Dörfer. Er war beliebt, denn er besaß ein fröhliches Naturell und begleitete seine Hausbesuche oft pfeifend oder singend. Auch ich kaufte gern bei ihm ein, am liebsten seine wunderbaren Bienenstiche und Honigkuchen. Und das wohlschmeckende Buttermilchbrot, das es nur bei ihm gab. Seine Preise hielt er notgedrungen über viele Jahre stabil, denn Preiserhöhungen bei seiner dörflichen Kundschaft durchzusetzen war ein schwieriges Unterfangen. Er war leidenschaftlicher Jäger und Angler, und obwohl er auf seinen Touren immer unter Zeitdruck stand, mochte er gern von seinen Erlebnissen mit Tieren und Fischen erzählen.

Ernst Kolmsee mit seinen frischen Back- und Konditorwaren

Um Tiere drehte sich alles bei den Viehhändlern, die ebenfalls regelmäßig auf die Bauernhöfe kamen, um Schweine und Rinder aufzukaufen. Ich erinnere mich an gemütliche, Zigarre paffende Männer in grauen Kitteln, die Mercedes-Limousinen entstiegen. Man sah sie auf den Höfen, bei der öffentlichen Viehwaage bei Walter Andresen und in seiner Gastwirtschaft in Gesellschaft von Kollegen und Bauern. Und immer dabei das scheinbar wichtigste Utensil des Berufsstandes neben der Zigarre – einen Stock als Antreiber und Abstandhalter für das Vieh.

Mit Bekleidung deckten sich die besser situierten Familien in der Stadt ein. Die übrigen kauften beim fahrenden Händler. *Die* Institution auf diesem Sektor war der Textilienhänder Wolfgang Eggert (1922 - 2011). Er begann sein Fahrgeschäft 1948 und besuchte über Jahrzehnte regelmäßig seine Stammkunden auf den Dörfern. Sonnabends machte er stets seine Tour durch Ostenfeld. Die gefragtesten Kleidungsstücke wie Arbeitsjacken und -hosen, Wickelschürzen, Blusen und Röcke hatte er immer dabei.

In der Nachkriegszeit: Wolfgang Eggert an seinem Stand

Er wusste, was die Leute brauchten, er kannte ihren Geschmack, ihre farblichen Vorlieben, ihre Größen und deren familiären Verhältnisse. Er besuchte sie in ihrem Alltag, wo immer die Menschen gerade waren. In der Küche, im Garten oder auf dem Hof. Er nahm Anteil am Leben seiner Kunden, erzählte auch von seiner Familie und verkaufte am Ende meistens das eine oder andere Kleidungsstück. Was gerade nicht vorrätig war, wurde zur nächsten Visite besorgt. Er lieferte, wenn gewünscht, den gesamten textilen Bedarf eines Haushaltes: Teppiche, Vorhänge, Gardinen, Bettwäsche. Auch als Rentner tourte er noch mit seinem blauen Transporter über die Dörfer. Er wollte seine Kunden so lange besuchen, wie es ihm Spaß machte und die Gesundheit erlaubte. Später hat sein Sohn Peter das Fahrgeschäft übernommen und fährt nun inzwischen ebenfalls als Rentner übers Land.

So etwas wie Müllabfuhr gab es bis in die 70er Jahre in Ostenfeld nicht. Das Müllaufkommen in den ersten beiden Jahrzehnten nach dem Krieg war auch nur gering. Verpackungen aus Plastik waren noch nicht verbreitet, die meisten Waren wurden mit Papier verpackt. Und nach ihrem Gebrauch im Ofen verbrannt oder an Lumpen- oder Schrotthändler verkauft. Auch sie kamen regelmäßig ins Dorf und bezahlten für leere Papiersäcke, Zeitungen und Zeitschriften, Altmetalle und -kleider bar auf die Hand. Für uns Kinder war das Ansporn, diese Dinge zu sammeln und den Erlös in Süßigkeiten zu investieren.

Die fahrenden Händler waren eine Erscheinung jener Jahre. Mit zunehmender Mobilität der Dorfbevölkerung verloren sie ihr Terrain. Doch in Gegenden mit schlechter Verkehrsanbindung und Infrastruktur gibt es sie noch, die mobilen Fleischer, Bäcker und Einzelhändler. Sie tragen wesentlich zum Überleben der kleinen Gemeinden bei.

Der Mappenonkel

Einst brauste er mit einem Messerschmitt Kabinenroller durchs Dorf, später war es eine BMW Isetta. Einmal in der Woche fuhr er seine Kundenadressen ab und tauschte Gelesenes gegen neue Lektüre. Er trug immer eine Baskenmütze, und es hieß, sein wahrer Beruf sei Künstler, wohl ein Maler, der von seinem Talent allein nicht leben konnte. Für die Dorfbewohner war er schlicht der Mappenonkel. Und sein Erscheinen wurde freudig erwartet, denn er brachte mit seinen Illustrierten Unterhaltsames aus der ganzen Welt.

Die Isetta - damals ein gefragtes Automodell für die kleine Familie und Transportvehikel für unseren Mappenonkel

Zu der Zeit, Anfang der 1960er Jahre, kam das Weltgeschehen noch überwiegend über das Radio und die Heimatzeitung ins Haus. Fernseher gab es nur wenige. In Ostenfeld hatten viele Haushalte damals ein jederzeit kündbares Mappen-Abonnement. Der Kunde konnte wählen nach Aktualität. Das neueste Illustrierten-Paket, die sogenannte Erstmappe, kostete 2,70 D-Mark in der Woche (lt. Preisliste des Husumer Lesezirkels Schmidt von 1961). Je älter die Ausgaben, desto günstiger war das Abonnement, aber auch umso abgegriffener die Hefte.

Mein älterer Bruder wurde unversehens „Assistent" des Mappenonkels. In der Ferienzeit oder nach der Schule begleitete er ihn auf dessen Touren nach Dörpstedt, Wohlde, Bergenhusen und zu anderen Dörfern. Der „Chef" konnte nun in seinem Fahrzeug sitzen bleiben, und mein Bruder besorgte flink das Tauschgeschäft. Am Ende des Tages gab es ein kleines Handgeld und bei einer Rast in einem Gasthof eine Portion Kartoffelsalat mit Würstchen und eine Brause.

Einmal durfte auch ich als 10jähriger mit auf Tour. Ich erinnere mich an die kleine Isetta mit der nach vorn aufgehenden Tür, an die hinter der Sitzbank deponierten, wohl sortierten Mappen und an nicht immer reibungslose Mappen-Tausche. Manche Kunden hatten die Mappen noch nicht übergabefertig, gelegentlich fehlten Illustrierte oder waren verschmutzt. Einer beschimpfte mich sogar und wollte nicht bezahlen. Weinend kehrte ich zum Mappenonkel zurück, der daraufhin den Kunden gehörig zurechtwies. Dieser Vorfall und mithin meine ungenügende Härte machte meinen Botendienst zu einer einmaligen Angelegenheit. Es war dennoch ein unvergessliches Erlebnis, durfte ich doch in diesem knuffigen kleinen Gefährt mitreisen und hinter der großen Frontscheibe von einem Parkettplatz die unbekannte Außenwelt meiner ansonsten abgeschlossenen kleinen Dorfwelt erleben.

Das Versprechen des Oberleutnants

2. Mai 1945 – sechs Tage bevor Deutschland kapitulierte und der Zweite Weltkrieg in Europa zu Ende ging. Ostenfeld wurde von Bombenangriffen verschont, und Kampfhandlungen fanden hier nicht mehr statt. An diesem Tag trafen Angehörige der III. Gruppe des Nachtjagdgeschwaders 1 der deutschen Luftwaffe aus Holland hier ein, um Stellung zu beziehen. Ihrer eigentlichen Aufgabe, nächtliche Bomberangriffe mit ihren Kampfflugzeugen abzuwehren, konnten sie jedoch nicht mehr nachkommen, da sie über keine Maschinen verfügten. Kurzerhand wurden sie zu kämpfendem Fußvolk umfunktioniert. Die vielköpfige Gruppe unter Führung von Major Martin Drewes wurde auf dem Hof von Emil Thomsen, dem Weidemann-Hof, in Oldersbek-Steinberg einquartiert. Zusammen mit anderen Soldaten war die Gruppe dreiundfünfzig Mann stark. Ihre Abwehrstellungen sollen sie sich in Nünehau auf Sandesberg in Ostenfeld gegraben haben. Aber der Feind blieb aus.

Am 8. Mai war der Krieg zu Ende und britische Panzer rückten gen Ostenfeld. So kam es zur nunmehr friedlichen Begegnung zwischen dem Panzerkommando und den bei Bauer Thomsen untergekommenen Soldaten. Dem Sieger wurde nach militärischer Geflogenheit Meldung gemacht und anschließend tranken der britische Kommandeur und Major Drewes ein Gläschen auf den Frieden. Die deutschen Soldaten wurden zu Gefangenen erklärt. Aber sie wurden nicht entwaffnet und durften bis zu ihrer späteren Internierung vorerst auf dem Bauernhof bleiben. Für die Soldaten eine angenehme Lösung. Denn sie besaßen ein relativ bequemes Nachtlager auf dem Heuboden und gute Verpflegung. Und der Bauer hatte eine halbe Hundertschaft Arbeitskräfte, die auf dem Hof und auf den Feldern half.

Die Ordnung in der Gruppe blieb erhalten. Major Drewes, der ranghöchste Offizier, führte die Männer an. Ihm zur Seite stand sein Adjutant. Und das war der damals 25jährige Oberleutnant Walter Scheel. Niemand konnte ahnen, dass dieser junge Mann 29 Jahre später das Staatsoberhaupt eines neuen demokratischen Deutschland werden würde. Scheel leistete seit September 1939 Kriegsdienst und diente zuletzt als Kampfflieger beim Nachtjagdgeschwader der Luftwaffe. Mit Drewes verband Walter Scheel eine lebenslange Freundschaft. In seinen Erinnerungen über die damalige Zeit schreibt Scheel: *Wenn ich an den 8. Mai 1945 zurückdenke, dann sehe ich Frau Thomsen vor mir, die freundliche Bäuerin ... „Der Krieg ist vorbei, der Krieg ist vorbei", rief sie aufgeregt.* Er meinte Christine Thomsen, geborene Weidemann, die gemeinsam mit ihrem Mann Emil den Hof bewirtschaftete.

Sieben Wochen blieben die „gefangenen" Soldaten auf dem Hof, bis sie offiziell an anderen Orten interniert wurden. Beim Abschied schrieben Drewes und Scheel ins Gästebuch der Familie Thomsen: *Wir danken für herrliche Tage, in denen wir nach langen Kriegsjahren einmal wieder Ruhe und Heimat fanden.* Und Walter Scheel versprach: *Eines Tages wird ein Auto vor der Tür stehen, und ich werde aussteigen.*

Die Thomsens werden wohl nicht daran geglaubt haben, dass der Bundespräsident sie wirklich besuchen würde. Aber am 4. Juli 1976, einem Jahrhundertsommer mit großer Dürre, löste er sein Versprechen ein. Gegen dreizehn Uhr raste ein Auto-Konvoi durch Ostenfeld, die Zufahrtstraßen waren vorsorglich abgesperrt und niemand im Dorf wusste, was da vor sich ging. Erst später aus der Zeitung erfuhren die Ostenfelder, welch hoher Gast sie an jenem Tag beehrte. Genauer gesagt: Die Familie Thomsen in Oldersbek-Steinberg.

Der Besuch trug privaten Charakter und nur engste Familienangehörige sollten zugegen sein. Scheel brachte auch seinen damaligen Vorgesetzten Martin Drewes und einige frühere Kameraden mit, die nach so vielen Jahren wieder an dem Ort zusammen kamen, der ihnen trotz kriegerischer Umstände wie ein Zuhause erschien. Unverkrampft, ohne staatsmännische Allüren ging Scheel auf seine einstigen Gastgeber zu. Er suchte noch einmal vertraute Plätze auf, etwa den Schlafplatz auf dem Heuboden, und fand sich schließlich in der guten Stube zu einem Imbiss mit Christine Thomsen ein. Da der Bundespräsident wegen eines Defekts am Flugzeug in Bremen nicht hierher einfliegen konnte, hatte sich sein Besuch verspätet und Termindruck

Walter Scheel zu Besuch bei Gastgeberin Christine Thomsen

drängte zur Weiterreise. Er lud alle zu einem Mittagessen ins Kasino der Fliegerhorstkaserne nach Husum ein. Er selbst wollte wegen der Hitze nicht im Dienstwagen fahren, sondern stieg gegen alle Sicherheitsbedenken in den luftigen Begleit-Jeep und setzte sich auf den letzten Kilometern sogar selbst ans Steuer. Endlich mal keine Etikette beachten, nur ein ganz normaler Mensch sein – das wird dem Präsidenten gefallen haben.

Am gemeinsamen Mittagessen konnte er jedoch nicht teilnehmen, da ein offizieller Termin wartete. Eine Maschine brachte ihn vom Militärflugplatz Schwesing nach Hamburg, wo das alljährliche Deutsche Derby stattfand, dass traditionell vom Bundespräsidenten eröffnet wird.

Erzählt hat mir diese denkwürdige Geschichte Volkert Thomsen (Jahrgang 1947), Enkel von Christine Thomsen. Er und seine Frau Karin waren als enge Familienangehörige bei dem Hof-Besuch des Bundespräsidenten zugegen.

Walter Scheel starb im Alter von 97 Jahren im August 2016 nach langer Demenzerkrankung.

Dear Mr. President

Es war das Jahr 1963. Ich war zwölf und besuchte die 6. Klasse der Otto-Thiesen-Volksschule. Das Dorf erschien mir zunehmend eng und langweilig. Manche meiner Mitschüler lasen Romane und Abenteuergeschichten, die sie in aufregende Phantasiewelten mitnahmen. Aber mich interessierte Buchlektüre nicht. Zufällig las ich in der damals erscheinenden Jugendzeitschrift „Rasselbande" einen Artikel über einen Autogrammsammler, und ich fand, dessen Hobby wäre auch was für mich. Bei uns zu Hause gab es eine nagelneue Reiseschreibmaschine, Modell „Erika" aus der DDR. Zu meiner krakeligen Handschrift hatte ich kein Vertrauen, aber die sauber getippten Buchstaben der Maschine würden sicher beeindrucken. Ich übte kleine Briefentwürfe und verschickte schließlich meine erste Autogrammbitte an den damaligen Bundeskanzler Konrad Adenauer, Bonn. Sein Büro bestätigte den Eingang meines Briefes, rügte aber das Fehlen von Anrede und Unterschrift und bedauerte, der Herr Bundeskanzler habe keine Zeit für Autogrammwünsche. Kurzerhand übernahm ich die Anredeformel „Sehr geehrter Herr ..." und den Abschluß jenes Antwortbriefes, „mit vorzüglicher Hochachtung", in mein neues Konzept. Einige Monate später gab Adenauer sein Amt auf und zog sich ins Privatleben zurück. Im darauf folgenden Jahr verlautete in den Nachrichten, dass er in seinem Wohnort in Rhöndorf am Rhein seinen 88. Geburtstag feiern würde. Dorthin schrieb ich ihm erneut und gratulierte. Schon wenige Tage später erhielt ich ein förmliches Dankschreiben, dazu ein handsigniertes Porträtfoto des Ex-Kanzlers. Es lohnte sich also, nicht gleich beim ersten Versuch aufzugeben.

Bald schickte ich Briefe quer durch Deutschland und später über den ganzen Erdball. Das Geld für Porto und Schreibmaterial verdiente ich mir als Erntehelfer und mit Rasenmähen. Berichte im Radio und im Fernsehen über wichtige Politiker, Forscher, Künstler und Schriftsteller nutzte ich als Informationsquelle dafür, wen ich mit einem Autogrammwunsch bedenken wollte. Meine Briefe an Präsidenten und Regierungschefs gingen in die Hauptstädte, bei allen anderen an die Privatadressen, die mir freundlicherweise die Redaktionen großer Zeitungen und Zeitschriften verrieten. Datenschutzgesetze gab es damals noch nicht. Der Postweg öffnete mir ein Tor zur Welt. Der „Verbindungsmann" nach „draußen" war Gustav Heyden, unser Postbote. Der wunderte sich über die viele Auslandspost, die an mich adressiert war. Manchmal kamen ganze Stapel aus fernen Ländern, etwa aus China, Indien oder Japan. Umschläge von ungewöhnlichem Format mit besonderen Handschriften, schönen Briefmarken oder Staatsemblemen waren oft dabei. Die Tage, an denen solche Post eintraf, waren Festtage für mich. In den 1960er Jahren herrschte „Kalter Krieg" zwischen Ost und West und behinderte oder unterband gar den Postverkehr zwischen diesen Blöcken. Umso dankbarer und überraschter begrüßte ich die Antwortbriefe der sowjetischen Kosmonauten aus Moskau, die priviligiert am Rand der russischen Hauptstadt, im „Sternestädtchen", lebten.

Nach einem Jahr Sammler-Erfahrung schrieb ich in holprigem Schulenglisch an den amerikanischen Präsidenten Lyndon B. Johnson ins Weiße Haus nach Washington. Kaum drei Wochen später erhielt ich einen Brief von der US-Botschaft in Bad Godesberg, in dem man mir auf Englisch den Eingang meines Schreibens bestätigte. Gleichzeitig bedauerte die Botschaft, dass die Amtsgeschäfte dem Präsidenten keine Zeit ließen, Autogrammwünsche zu erfüllen. Eigentlich hatte ich auch nicht wirklich damit gerechnet, dass der Präsident mir ein Autogramm schicken würde. Immerhin hatte seine Verwaltung schnell und freundlich reagiert. Aufgeben mochte ich jedoch noch nicht. Aus den Nachrichten erfuhr ich, dass der Präsident gelegentlich auf seinem Privatsitz in Houston/Texas weilte. Also schickte ich erneut einen Brief, diesmal an seine texanische Adresse. Aber das Ergebnis war genauso prompt und enttäuschend wie beim ersten Mal. Aus Bad Godesberg kam wieder ein „Sorry". Da gab ich erstmal auf.

Monate später fand ich in einer Informationsbroschüre eine Übersicht der Regierungsmannschaft des Präsidenten, inklusive seiner persönlichen Berater mit Foto. Am sympathischsten fand ich seinen Berater Jack Valenti. Dem schrieb ich direkt per Adresse „White House, Washington" und bat ihn um Unterstützung. Aber eine Antwort kam nicht. Nachdem mehrere Monate ohne Nachricht vergangen waren, verbuchte ich diesen letzten Versuch als endgültigen Fehlschlag und vergaß die Geschichte.

Präsident Johnson mit Verteidigungsminister McNamara (rechts) und Berater
Valenti (im Hintergrund)

Kurz vor Weihnachten 1965 kam ich von der Schule nach Hause und fand einen großen gelben Briefumschlag vor. Absender: Motion Picture Association of America, New York/USA. Diese Adresse sagte mir nichts, ich wunderte mich nur und öffnete den Umschlag.

Darin fand ich mein Schreiben an Jack Valenti – ohne jeden Vermerk, ohne jedes Begleitschreiben. Ich war überrascht und gleichzeitig enttäuscht über die unkommentierte Rücksendung. Der Umschlag fühlte sich leicht und leer an, aber als ich ihn schüttelte fiel eine Visitenkarte heraus. Darauf stand die Zeile „The White House" und darunter – handgeschrieben – die Unterschrift von Lyndon B. Johnson. Es war nur eine unscheinbare Signatur, aber sie stammte von einem der mächtigsten Männer jener Zeit und symbolisierte eine Achse des guten Willens, die sich von Washington über New York bis nach Ostenfeld spannte.

Jahre später konnte ich das Rätsel mit dem merkwürdigen Absender lösen. Als ich Jack Valenti meinen Brief sandte, war er nicht nur Berater, sondern engster Vertrauter des Präsidenten, gleichzeitig stand er in hoher Position beim mächtigen Verband der US-amerikanischen Filmindustrie, der Motion Picture Association mit Sitz in New York. 1966 wurde er deren Präsident. Und seine Frau Mary Margaret Wiley war viele Jahre Johnsons Sekretärin. Diese persönlichen Verflechtungen kannte ich damals natürlich nicht. Sie waren aber offenbar entscheidend dafür, dass die Visitenkarte auf den Weg nach Ostenfeld ging. Vielen Dank Mrs. und Mr. Valenti!

Nach Beendigung der Volksschule fand ich nicht mehr die Zeit fürs Briefeschreiben und mein Interesse am Unterschriftensammeln erlosch. Jahre später habe ich über ein Auktionshaus den größten Teil meiner Sammlung versteigern lassen und einen ansehnlichen Betrag dafür erhalten. Wenn ich auf mein damaliges Hobby zurückblicke, kommt ein Lächeln. War doch eine verrückte Idee, Autogrammen nachzujagen. Aber mein jugendliches Projekt hat mich bereichert. Es bescherte mir viele glückliche Momente, es verhalf mir zum Schreiben, zum Recherchieren und weckte in mir das Interesse für die Menschen und Dinge, die die Welt bewegen.

Von Trachten und Malern

Mein Dorf und die nähere Umgebung mit Wiesen und Wald war meine begrenzte kindliche Welt; denn andere Orte kannte ich noch nicht. Für meine Abenteuer und Entdeckungstouren hatte dieses Terrain genug zu bieten. Manchmal fand ich irgendein verrostetes Hufeisen, das aus dem Ackerboden herausragte, wenn dieser mit dem Pflug umgebrochen wurde. Auch Bruchstücke von Keramikgefäßen oder andere mir unbekannte Gegenstände kamen da zum Vorschein. Ich rätselte über ihre Herkunft und fantasierte Geschichten über ein spannendes früheres Dorfleben. Einmal habe ich sogar mit einem Spaten ein großes metertiefes Loch in die Erde gegraben und war überzeugt, irgendwann würde ich unweigerlich auf einen Schatz treffen. Doch es fand sich keiner.

Später erfuhr ich, dass Ostenfeld durchaus Schätze aus vergangenen Zeiten barg: Rätselhafte Hünengräber rings um unser Dorf, in der Schule ausgestellte Fundstücke von Steinwerkzeugen, die ganz frühe Bewohner dieser Region der Nachwelt hinterlassen hatten. Und vor nicht allzu langer Zeit besaß das Dorf noch eine ganz eigene kulturelle Tradition, die weithin ausstrahlte. Es war die besondere Kleidung, die in Ostenfeld getragen wurde. Und es gab Mobiliar und Bauernhaustypen, die nur hier vertreten waren. Ich las über Maler, die in unser Dorf kamen, um diese erhaltenen dörflichen Kulturformen in Bildern zu dokumentieren. Das schien mir spannend, und so folgte ich den Spuren und fand dies heraus:

Die einstmals getragene bäuerliche Tracht gilt als ein Kulturschatz unserer Gemeinde. Denn es gab sie über Jahrhunderte nur hier. Sie ist seit Mitte des 18. Jahrhunderts belegt. Vermutlich existierte es sie aber bereits viel früher und wurde von Generation zu Generation überliefert und bewahrt. Sie war Statussymbol der reichen Bauern. Ihre Ausstattung bezüglich Farbe, Schnitt, Stoffwahl und Art des Tragens waren weitgehend festgelegt. Die prächtige Bekleidung gab Aufschluss über Herkunft, wirtschaftliche Verhältnisse, soziale Stellung und Personenstand ihrer Träger und Trägerinnen; sie verriet, ob jemand ledig oder verheiratet war. Im Fall eines verstorbenen Ehepartners konnte man an ihr auch die Trauerstufe ablesen, in der sich die Person befand. Auf dem Wochenmarkt und im Husumer Stadtbild fielen die

Tracht tragenden Ostenfelderinnen besonders auf; die Männerbekleidung dagegen war schlichter und nicht so augenfällig. Erkennbar waren sie nicht nur an ihren prächtigen Kleidern, sondern auch an ihrer aufrechten Haltung und ihrem gemessenen Schritt, vielleicht bedingt durch das Gewicht der Stoffe und des Schmuckbehangs. Sicher wird auch Stolz auf den Status mitgeschwungen haben, den die Kleider symbolisierten. Theodor Storm sah die Ostenfelderinnen in Husum oft und bedachte sie in seiner Novelle „Aquis submersus" („Die Ostenfelder Weiber mit ihren rothen Jacken ..."). Vor vielen Jahren schilderte mir eine alte Frau aus Ipernstedt aus ihren Kindertagen, dass die Ostenfelderinnen, wenn sie „stadtfein" gekleidet auf dem Weg zum Husumer Wochenmarkt auf dem Kutschwagen durch die kleine Ortschaft fuhren, grußlos und ohne jemand eines Blickes zu würdigen vorbeizogen. Das machte die Ostenfelder unbeliebt und warf allgemein ein schlechtes Licht auf das Dorf.

Die ärmeren Ostenfelder trugen zumeist bequemere Alltagskleidung aus groben Stoffen in schlichtem Zuschnitt. Mehr konnten sie sich nicht leisten, und es geziemte sich auch nicht, Besseres anzuziehen. Die Ostenfelder Tracht hatte über Generationen Bestand. Doch nach Angaben des zeitgenössischen Chronisten Magnus Voß trugen 1894 nur noch sieben Frauen die Tracht. Wenige Jahre später war sie ganz aus dem Dorfbild verschwunden.

Ostenfeld gehörte bis 1864 zum Herschaftsbereich des dänischen Königs. Über Generationen standen das Dorf und seine Bewohner politisch, wirtschaftlich und kulturell unter dänischem Einfluss und wurden insofern über lange Perioden dänisch geprägt. Die Dänen betrachteten die Ostenfelder Kultur und Hof-Architektur als zu ihnen gehörig und waren bestrebt, das kulturelle Erbe des Dorfes der Nachwelt zu erhalten oder wenigstens zu dokumentieren.

Erik Pontoppidan (1698-1764), dänischer Bischof und Autor, machte sich im späten 18. Jahrhundert auf den Weg in unser Dorf und hielt dessen Trachten in Skizzen fest. Erst nach seinem Tod brachte ein Kopenhagener Verleger 1781 eine Mappe („Danske Atlas") mit seinen Bildnissen heraus, darunter eine Tafel mit einem kolorierten Kupferstich, die eine Ostenfelder Bäuerin in zeitgenössischer Tracht zeigt.

Ihm folgten die Schweizer Maler und Kupferstecher *Jakob Rieter* (1758 - 1823) und *Johannes Senn* (1780 - 1823), die sich 1804 zu Trachtenstudien in Nordfriesland aufhielten. Ein Jahr später erschien ihre Sammlung mit Kupferstichen ("Danske Nationale Klædedragter").

Ostenfelder Alltagstracht. Kupferstich von Pontoppidan, spätes 18. Jahrhundert

Ostenfelder Feiertagstrachten (Rieter, 1805)

1850 kam ein weiterer dänischer Maler nach Ostenfeld. *Frederik Christian Lund* (1826 - 1901) hielt Dorfszenen in Skizzen fest, die er später als Lithographien herausbrachte.

Lithographie von Christian Lund (1890): Ostenfelderin neben dem seinerzeit typischen Beilegerofen. Im Hintergrund holzgetäfelte Wand mit Fliesenstreifen

1857 steuerte der aus Husum stammende Maler *Hans Nicolai Sunde* (1823 - 1864) zur Eröffnung der Kieler Kunsthalle das Bildnis einer Tracht tragenden Ostenfelderin bei, die er Buch lesend porträtierte. *Otto Clemens Fikentscher* (1831 -1880) war ein deutscher Maler, Zeichner und Illustrator der Düsseldorfer Schule. Er bereiste unmittelbar nach Ende des dänisch-deutschen Krieges 1864 das Land und hielt in Ostenfeld kleidungsbezogene Motive fest.

Die ländliche Tracht wird in dieser Umbruchzeit, in der das Land Spielball zwischen deutschen und dänischen Machtinteressen ist, zum Nationalkostüm, zum Ausdruck patriotischer Gesinnung. Sammelmappen mit Trachten-bildern erfreuen sich in Dänemark wie auch in Deutschland im 18. und 19. Jahrhundert großer Beliebtheit, und viele Maler machen sie in ihren Gemälden zum Hauptmotiv. Zunehmend werden die Darstellungen Ostenfelder Trachtenträger aber lebendiger und komplexer. In den 1860er Jahren entstehen mehrere solcher Bildnisse. So das 1860 von Frederikke Westphal (1822 - 1861) geschaffene Ölgemälde einer Ostenfelder Bäuerin, das sich lange in Kopenhagener Privatbesitz befand und 2014 vom Museum Sønderjylland erworben wurde.

Kaffee trinkende Ostenfelderin. Ölbildnis von Frederikke Westphal, 1860

Ende der 1860er Jahre - nach dem deutsch-dänischen Krieg von 1864 wurde Südschleswig und damit auch Ostenfeld Teil des preußischen Staates - besuchte der Berliner Professor, Maler und Kostümbildner *Albert Kretschmer* (1825 - 1891) Ostenfeld und hielt in Studien die reich verzierte bäuerliche Tracht fest. Erst viele Jahre später, 1887, erschien in Leipzig seine umfangreiche Lithographie-Sammlung „Deutsche Volkstrachten", darin die detailreiche Abbildung zweier Ostenfelderinnen in bäuerlicher Wohnumgebung.

Die eindrucksvollsten Darstellungen der Ostenfelder Kleiderkultur und des früheren dörflichen Lebens stammen von dem in Bredstedt geborenen Maler *Christian Carl Magnussen* (1821 - 1896).

„Taufgang in Ostenfeld", Christian Carl Magnussen, 1867, Öl/ Leinwand
Foto: Museumsverbund Nordfriesland, Husum, Nordfriesland Museum,
Nissenhaus Husum

Seine prächtigen Ölgemälde und zahlreichen Bleistiftzeichnungen datieren ebenfalls aus den späten 1860er Jahren und stellen herausragende zeitgenössische Bild- und Kunstdokumente dar. Ihm zu Ehren ist eine Straße in Ostenfeld nach ihm benannt worden. Sein Gemälde „Taufgang" von 1867 zeigt im Hintergrund die Kirche mit ihrem damals noch kleineren Turm.

In den folgenden Jahrzehnten greifen verschiedene Maler immer wieder Ostenfelder Motive, auch ohne Trachtenbezug, in ihren Bildern auf: *Richard von Hagn* (1850 - 1933) suchte oft das seit 1899 in Husum bestehende Freilichtmuseum Ostenfelder Bauernhaus für Interieur-Studien auf und erarbeitete daraus mehrere Gemälde. Auch *Albert Johannsen* (1890 - 1975), der als bedeutender Schilderer der nordfriesischen Küsten und ihrer Halligen gilt, schuf mehrere stimmungsvolle Interieur-Bilder vom Ostenfelder Bauernhaus. Vom Husumer Maler *Julius Grelstorff* (1821 - 1895) stammt das Gemälde „Ostenfelderin", das eine Tracht tragende junge Frau vor einem Kamin sitzend zeigt, die einem Kind aus einem Buch vorliest.

Partie am Dorfteich, Ölgemälde von Christian Saß

Eine Szene am Westerteich hat der Porzellanmaler *Christian Saß* (1836 - 1916) in den 1880er Jahren in einem Ölgemälde festgehalten. Saß lebte von 1874 bis 1892 in Husum und hatte dort in der Wasserreihe 46 ein Ladengeschäft. Er bereiste in seiner Husumer Zeit oft die nähere Umgebung und hielt Landschaftsimpressionen auf verschiedenen Malgründen fest.

Es ist eine Winterimpression, die ein um den Platz gruppiertes Häuserensemble mit Fachwerkbauten zeigt. Im Bildvordergrund erkennbar ist eine Ostenfelderin in dorftypischer Tracht, wie sie damals auch alltags noch getragen wurde. Das Gemälde wechselte mehrfach den Besitzer und befindet sich heute im Privatbesitz einer Ostenfelder Familie.

Zu Beginn des 20. Jahrhunderts wurde die Ostenfelder Tracht nur noch zu besonderen Anlässen verwendet. So verlor Ostenfeld für die Maler seinen Reiz. Zudem lösten schnelle und kostengünstige Fotografien die handgefertigten Malereien ab.

Ein anderer Kulturschatz ist die Jahrhunderte währende Ostenfelder Bauernhofarchitektur, die dank großer Bemühungen von Einzelpersonen in zwei Exemplaren für die Nachwelt im Original erhalten ist. Stück für Stück wurden die baugleichen große Anwesen der Familien Heldt und Reimer in aufwendiger Arbeit zerlegt, jedes Teil nummeriert und an ihre Bestimmungsorte nach Husum und nach Lyngby bei Kopenhagen verbracht und dort als Freilichtmuseen wieder aufgebaut.

Obwohl ich in jener Zeit nicht gelebt habe, hat mich das Wissen um die kulturelle Vergangenheit dieses Ortes und seiner früheren Bewohner meinem Dorf näher gebracht, ließ mich historische Zusammenhänge besser verstehen und veränderte meinen Blick auf Ostenfeld nachhaltig.

1899 wird der Hof-Kauf zwischen Bernhard Olsen, Direktor des Freilichtmuseums Lyngby, und Bauer Tiede (rechts) besiegelt.

Kino im Tanzsaal

Neben den traditionellen Festen gab es damals nur wenige Freizeitvergnügungen auf dem Dorf. Wanderunternehmer boten ab und an Kasperle- und Marionetten-Aufführungen sowie Zirkusdarbietungen. Eine regelmäßige Institution waren die Filmvorführungen in den Fest- und Tanzsälen der Gasthöfe. In Schwabstedt eröffnete bereits 1927 ein erstes stationäres Kino - die Lichtspiele „Zur Treene" (heute „Hotel Zur Treene"). In den 1930er Jahren zogen Wanderkinos von Dorf zu Dorf und zeigten Filme mit den Schauspielgrößen jener Zeit.

Harmsens Gasthof in Ostenfeld war offenbar in den 1930er Jahren die erste regelmäßige Kinospielstelle, die in unserem Dorf von einem Wanderunternehmen betrieben wurde. Eine Zeitzeugin erinnert sich noch an eine Vorführung des Propagandaspielfilms „Hitlerjunge Quex" (Produktionsjahr 1933, mit Heinrich George). Die Wanderkinobetreiber reisten mit ihren transportablen Vorführgeräten durch die Provinz und zeigten in der Regel jeweils einmal wöchentlich ihr neues Programm, meist einen Märchenfilm am Nachmittag und abends einen Unterhaltungsfilm für die Erwachsenen.

Nach 1945 trat notgedrungen überall eine Kinopause ein. Erst nach und nach belebte sich die Leinwand in den Tanzsälen der dörflichen Gastwirtschaften wieder. So durfte der Wanderkinobetreiber Albert Harhaus aus Tellingstedt ab 1949 in Thietjes Gasthof (ab 1953 umbenannt in Gasthof Andresen, heute Kirchspielkrug) regelmäßig Unterhaltungsfilme präsentieren. Die Menschen wollten den Krieg und ihre harten Lebensumstände für einen Moment vergessen und gingen gern ins Kino. Die meist harte Bestuhlung und Pausen zwischen den Rollenwechseln nahm das Publikum in Erwartung eines entspannten Vergnügens wohlwollend in Kauf.

In den 50er Jahren bis Anfang der 60er Jahre gab es in Ostenfeld zwei Spielstellen gleichzeitig: Gasthof Andresen und Harmsens Gasthof. Bei Andresen liefen sonnabends, wenn keine Tanz- oder sonstigen Veranstaltungen auf dem Plan standen, in der Regel drei Vorstellungen, bei Harmsen an einem anderen Wochentag eine nachmittägliche Kindervorstellung. „Rumpelstilzchen" ist der einzige Märchenfilm, an dessen Vorführung im kalten Saal ich mich noch erinnere. Wechselweise wurden dort auch Marionettenschauspiele geboten, etwa eine „Faust"-Inszenierung für Kinder.

Auch im Wittbeker Krog präsentierte ein Nordstrander Unternehmer in jenen Jahren regelmäßig Filmprogramme, nachmittags Serien-Western mit dem komischen Cowboy „Fuzzy", abends unterhaltsame Spielfilme für Erwachsene.

Ein Film, der Urlaubsträume versprach

Anfang der 60er Jahre hielt das Fernsehen vermehrt Einzug in die Wohnungen und die Nachfrage nach dem Dorfkino ließ spürbar nach. Zuletzt flimmerte es nur noch auf der Leinwand in Andresens Gasthof. Ein einziges Mal saß ich – noch als Schüler in Erwachsenenbegleitung – im Publikum in einer der letzten Vorführungen. Das war 1965, und es lief abends im vollbesetzten Saal der Farbfilm „Ein Ferienbett mit 100 PS". Begleitet von den Schlagern der Zeit findet darin ein Liebespaar (gepielt von Vivi Bach und Dietmar Schönherr) an der kroatischen Adria-Küste ihr glückliches Happy End. Auch im realen Leben: 1965, im Jahr der Filmpremiere, vermählten sich die beiden und blieben ihr Leben lang ein

Paar, in der Showbranche eine absolute Seltenheit. Die Kinovorführungen im Tanzsaal brachten die Dorfbewohner zusammen, das Geschehen auf der großen Leinwand nahm sie mit in die weite Welt, und die Protagonisten erschienen ihnen in Übergröße ganz nah. Die kleinformatigen Flimmerkisten in den Wohnstuben vermochten mit ihren schwarzweißen und oft nicht störungsfreien Bildern keine Kinoatmosphäre zu vermitteln. Doch sie hielten bald Einzug in jedes Haus und veränderten unsere Freizeitgewohnheiten und die Alltagskultur grundlegend.

Als das Fernsehen aufkam

Ein Radio besaß in den 1950er Jahren wohl jeder Ostenfelder Haushalt. Wer es sich leisten konnte besaß sogar einen Radioschrank in Edelfurnier mit integriertem Plattenspieler. Besonders zu Hörspielen versammelten sich Kinder und Erwachsene gern vor dem Gerät und lauschten den lebendig dargebotenen Aufführungen und Erzählungen. Besonders beliebt war die „Märchenstunde" mit der bärigen Stimme von Eduard Marks. Die Radiogeschichten ließen dem Hörer genügend Raum für die eigene Phantasie und waren insofern mehr als nur bloße akustische Inszenierungen. Jedes Radio hatte zudem ein „magisches Auge", eine außen sichtbare Röhre, die die Signalstärke des eingestellten Senders kontinuierlich anzeigte. Das Radio rauschte, knackte, erzählte, sang, musizierte und blinzelte mit seinem Auge seine Zuhörer an - es lebte! Es faszinierte und entrückte auf unterhaltsame Weise die Zuhörer. Aber es wurde nicht zum alltagsbeherrschenden Medium. Denn die Dorfbewohner pflegten an Sommerabenden weiter ihr Schwätzchen mit Nachbarn und Bekannten am Gartenzaun, an Straßenecken oder auf Sitzbänken. Und überall sah man draußen noch ganztags Kinder spielen. Dieses Bild änderte sich jedoch grundlegend mit dem Aufkommen des Fernsehens.

In Deutschland gab es die ersten Fernsehapparate Anfang der 50er. 1953 zeigten sie die Krönung von Königin Elisabeth II und ein Jahr darauf die Fußball-Weltmeisterschaft „live". Nach und nach verbreitete sich das neue Medium und kam schließlich auch in Ostenfeld an. Es wird das Jahr 1960 gewesen sein: Ich war acht oder neun Jahre alt und wusste nichts von dieser neuen technischen Errungenschaft. Aber ein Freund, Hans-John Petersen, kannte sie bereits und stellte sie mir eines Tages vor. Er nahm mich mit zu Johannes Bern, dem Leiter der hiesigen Spar- und Darlehnskasse und fragte höflich an, ob wir einen Film schauen dürften. In dessen über den Geschäftsräumen gelegenen Privatwohnung begegnete ich einem kastenartigen Möbel mit Frontglasscheibe. Wir setzten uns beide davor, jemand drückte einen Knopf und die dunkle Scheibe hellte sich allmählich auf. Das, was ich dann sah und hörte, war einfach unfassbar: Ein schwarz-weißes Flimmergeschehen von der Art wie ich es bereits von

Märchenvorstellungen im Gasthaus-Kino kannte. Aber dieses war spannender. Ich glaube, es war eine Episode der amerikanischen Western-Serie „Am Fuß der blauen Berge". Völlig gebannt folgte ich der aufregenden Filmgeschichte auf der Scheibe. Davon wollte ich unbedingt noch mehr sehen. Doch wir hatten das Gefühl, beim Sparkassendirektor nicht willkommen zu sein. Zum Glück wusste Hans-John noch eine Adresse. Die Tierarztfamilie Feddersen besaß ebenfalls einen solchen Wunderkasten. Also haben wir auch dort gefragt und wurden eingelassen. Ich hab natürlich meinem älteren Bruder von dem „Zimmerkino" erzählt und so wurden wir beide an Sonntagnachmittagen häufige Besucher bei den Feddersens. Wir durften „Lassie", „Rin Tin Tin" und „Fury", amerikanische Serien mit tierischen Hauptdarstellern, sehen und fanden unser neues Freizeitvergnügen wunderbar. An die Großzügigkeit und Freundlichkeit, mit der uns die Familie Feddersen in ihr Haus ließ und uns einen Platz vor dem Fernseher gewährte, erinnere ich mich noch heute dankbar.

Eines Tages stand auch in unserem Wohnzimmer ein Fernsehapparat, der erste in unserer Straße. Meine Eltern ahnten nicht, welche Auswirkung diese Anschaffung auf ihr Privatleben haben würde. Denn von nun an mussten wir unser Wohnzimmer mit der ganzen Straße teilen. Bei uns gab es praktisch jeden Abend „Kino" bei freiem Eintritt. Unsere Nachbarin, Christine Marx, schaffte sich auch bald einen Fernseher an, eine Ausführung mit Münzeinwurf. Fernseher waren in den Anfangsjahren sehr teuer. Ein Tischgerät kostete Anfang der 1960er Jahre noch weit über tausend Mark. Ein Normalverdiener musste dafür sehr lange arbeiten. Die Geschäfte vermieteten daher auch Münzgeräte, deren Geldbox monatlich vom Händler geleert wurde. Wenn ein bestimmter Mindestumsatz jedoch nicht erreicht wurde, nahm der Händler das Gerät wieder mit. Also luden die Münzfernsehbesitzer zahlendes Publikum ein, damit genügend Geld zusammenkam. Es dauerte nicht allzu lange bis in jedem Haus unserer Straße ein „Televisionsgerät" stand und wir unser Wohnzimmer wieder für uns allein hatten.

Überall wuchsen Antennen aus den Dächern. Nach Feierabend begegneten sich nun immer seltener die Dorfbewohner vor ihren Häusern und Gärten. Die „Tagesschau" um 20.00 Uhr wurde zum Heiligtum und durfte nicht verpasst werden. Abende mit „Stahlnetz"-Krimis, den Familien „Schölermann" und „Hesselbach", dem „Ohnsorg-Theater" oder Peter Frankenfeld-Spielshows holten auch den Letzten von der Straße - man sprach deshalb von „Straßenfegern". Das neue Medium Fernsehen veränderte nicht nur das Freizeitverhalten der Dorfbevölkerung, sondern der ganzen westlichen Welt. Es wurde zu einem gesellschaftlich und wirtschaftlich bedeutenden Faktor. Die Geräte waren leider nicht so haltbar wie die Radios, die bald nur noch eine Nebenrolle in den Haushalten spielten. Wenn der Fernseher plötzlich streikte, bedurfte es eines Fachmannes, der schnelle Hilfe bot oder ein Ersatzgerät bereitstellte. In dem Haus der ehemaligen Spar- und Darlehnskasse, in dem ich zum ersten Mal fernsehen durfte, etablierte sich bald ein Radio- und Fernsehgeschäft.

1959er Ausgabe der Programmzeitschrift „Hörzu"

Marianne Hamkens erinnert sich, dass PeDiercksen (so der Umgangsname von Jens Hansen, der das Diercksensche Haus bewohnte) wohl einer der Ersten im Dorf war, der ein „Heimkino" eröffnete. Auch bei ihm schaute stets die ganze Nachbarschaft fern. Manche Ostenfelder, die sich einen Fernseher leisten konnten, hielten sich lange mit einer Anschaffung zurück, wohl weil sie dieser Neuerung skeptisch gegenüberstanden oder ihre guten Stuben nicht durch Massenversammlungen ruinieren wollten. Es hieß auch fernsehen sei schlecht für die Augen. In manchen Haushalten waren daher vor die Bildröhren gelbe Folien gepannt, um die Augen vor dem grellen Flimmerlicht zu schützen.

Ein anderer Ostenfelder erinnert sich noch an die ganz frühen Tage des Gruppenfernsehens in Ostenfeld. Beim Friseur Helmut Thies am Westerteich sahen viele auf dem noch sehr kleinen Bildschirm die Spiele der Fußballweltmeisterschaft 1958 in Schweden. Auch Walter Andresen betrieb mit einem frühen TV-Modell Kundenpflege. Im kleinen Saal seiner Gastwirtschaft durften seine Gäste grosse Sportereignisse zeitgleich am Bildschirm verfolgen und steigerten nebenbei den Umsatz. Ebenso gehörten Förster Werner Riess, der Schmied Ahlf und Anna Broderius, die Großmutter von Hans-Andreas Hansen, zu den ersten TV-Besitzern und „Heimkino"-Gastgebern.

Der Dorfteich,
die alte Zeit und ihre Handwerke

Früher waren Dorfteiche wichtige Wasserreservoire. Sie dienten als Löschwasserquelle, als Badestelle und Viehtränke. Aber sie waren auch bestimmende Elemente für die Struktur und den Charakter dörflicher Ansiedlungen und das Lebensgefühl ihrer Bewohner. Denn so ein zentral gelegenes Gewässer führte die Menschen zusammen: Die Kinder zum Spiel, die Erwachsenen zum Arbeiten und Klönen. Und Pferde fanden in ihm nach einem heißen Arbeitstag im Sommer angenehme Abkühlung und Durstlöschung.

Am Westerteich, aufgenommen um 1900

Ostenfeld besaß sogar zwei solcher Teiche, einen im Osten, die Sandkuhle, und einen im Westen gelegenen. Eine alte Fotografie, entstanden um 1900, zeigt den Westerteich mit einem Ensemble reetgedeckter Häuser und spielenden Dorfkindern. Im Hintergrund der ehemalige Gasthof von Claus Petersen, der seinen Besuchern nicht nur Rast und Speise, sondern auch manches Tanzvergnügen und gesellige Zusammenkünfte bot. Rechts daneben der Kaufmannsladen von Johann Johannsen. Am linken Bildrand ist die Stellmacherei von Thomas Petersen zu sehen, die von den Bauern mit ihren damals noch hölzernen Fuhrwerken aufgesucht wurde, wenn Reparaturen anstanden oder neue Gerätschaften gefertigt werden mussten. Denn sein Betrieb war der einzige seiner Art in Ostenfeld.

Unweit vom Dorfteich lagen die Kirche, das imposante Pastorat und die Schule. Zu der Zeit, als die Fotografie entstand, muss es an diesem Ort recht geschäftig zugegangen sein.

Der Westerteich im Jahr 2015

Die Kirchenlandgemeinde Ostenfeld (sie bestand zusammen mit den Dörfern Winnert und Wittbek als selbständige Verwaltungseinheit bis 1934) hatte um 1910 fast 1800 Einwohner. Der Haupterwerb lag in der

Landwirtschaft. In Ostenfeld gab es daneben - so erfasst es das Adressbuch des Kreises Husum von 1900 - zahlreiche Handels- und Gewerbeunternehmen und unterschiedliche Berufssparten. Aufgelistet sind je drei Schmiede, Kaufläden und Gasthöfe; je zwei Bäcker, Schneider und Zimmermänner und jeweils ein Müller, ein Tischler, ein Stellmacher, ein Schuhmacher, ein Weber, ein Maler, ein Böttcher, ein Postagent, ein Meiereiverwalter, ein Küster, der gleichzeitig Lehrer war und selbstverständlich ein Pastor. Weder ein Arzt noch eine Polizeidienststelle werden im Adressbuch vermerkt.

In den Nachbardörfern gab es weitere Handwerker, die alltägliche Gebrauchsgüter für den ländlichen Bedarf herstellten. Beispielsweise in Oster-Wittbekfeld: Je ein Holzschuhmacher, Glaser, Steinhauer, Muldenmacher und ein Korbmacher. Diese konnten aber von ihrem Handwerk allein nicht leben und mussten sich zusätzlich als Tagelöhner verdingen.

Der Westerteich mit seiner angrenzenden Wiese und den ihn umgebenden schönen Häusern ist auch heute noch ein Ort, an dem die Dorfbewohner sich bei Festveranstaltungen oder nur zum Plaudern gern treffen. Aber er hat sich baulich doch stark verändert, und die Geschäftigkeit früherer Jahre ist stiller Beschaulichkeit gewichen.

Es stand eine Mühle

Mit ihren hoch in den Himmel ragenden Flügeln war sie ein weit sichtbares Erkennungszeichen Ostenfelds. Über hundert Jahre stand sie auf einem Hügel am westlichen Rand des Dorfes und mahlte das Korn, das auf den umliegenden Äckern geerntet wurde. Ihr ursprünglicher Standort war Glückstadt an der Elbe. Der Besitzer erhielt keine Konzession für ihren Betrieb und musste sie verkaufen. Sie wurde dort abgebaut, ihre Einzelteile mit Pferdefuhrwerken nach Ostenfeld verbracht und hier wieder aufgerichtet.

Nahezu jedes Dorf besaß damals eine Mühle. In Oster-Wittbekfeld soll es sogar eine Wassermühle an der Holmsbek-Au gegeben haben; belegt ist in dem Ort eine Windmühle, die am heutigen Mühlenweg stand. Auch Winnert, Wittbek, Schwabstedt und Hollingstedt besaßen Windmühlen. Die Hollingstedter Mühle, von 1880 bis 1973 im Familienbesitz der Andresens, die mit dem Ostenfelder Mühlenbesitzer verwandt waren, überlebte den allgemeinen Niedergang der Mühlen mit glücklichem Ende. Sie wurde 1973 ins Freilichtmuseum Molfsee bei Kiel verkauft und erstrahlt dort als Vertreterin ihrer Art in restaurierter neuer Schönheit.

Die Ostenfelder Mühle, wie viele hiesige Windmühlen eine sogenannte Galerie-Holländermühle, war im Besitz der Familie Andresen, zuletzt von Johannes (1906 – 1987) und Ehefrau Martha Andresen (geborene Jordt, 1914 - 1985). Zu dem stattlichen Müllerei-Anwesen gehörte ein großes Wohnhaus, eine Bäckerei, ein Viehstall, eine Scheune und ein großer Nutzgarten. Die Bäckerei wird bereits um 1900 erwähnt. Häufig waren Kornmühlen mit einer Bäckerei kombiniert, da die Weiterverarbeitung selbstgemahlenen Mehles zu Backwaren höheren Gewinn versprach.

In den 1960er Jahren wohnten wir in unmittelbarer Nähe der Mühle, und so ergab es sich, dass ich häufig im Bäckerladen, der im großen Wohnhaus der Müllerfamilie eingerichtet war, einkaufte. Ein Schwarzbrot und ein halbes Mischbrot waren mein üblicher Einkauf, dazu noch zwei oder drei leckere

Kuchenstücke. Meine Favoriten: Honigkuchen mit Cremefüllung und Schokoladenguss und Mohnschnecke. Gern mochte ich auch die würzigen

Aufnahme der Mühle von 1908 mit noch vorhandener Galerie

„braunen Kekse", deren Rezept ich von der freundlichen Martha Andresen erbat. Obwohl solche Rezepturen die gehüteten Schätze der Bäcker sind, versprach sie mir eine Abschrift aus dem großen geheimen Buch, das sie irgendwo verwahrt hielt. Bei meinem nächsten Einkauf reichte sie mir einen kleinen handgeschriebenen Zettel, der die „Keksformel" preisgab.

Oft ging ich auch mit einer Schiebkarre zur Mühle, um einen Sack Futtergetreide für unser Federvieh zu holen. Ich mochte es, im Innern des imposanten Gebäudes unter der mächtigen Balkenkonstruktion zu stehen. Ich sog die Gerüche von Korn, Mehlstaub und Holzaromen ein, lauschte auf das Knacken im Gebälk und das Rasseln des kettengeführten Aufzugs, der die Kornsäcke beförderte. Wenn der Müller gerade nicht in der Nähe war, konnte ich es mir nicht verkeifen, mich kurz auf die im Boden eingelassene Wiegeplattform zu stellen. Der Zeiger der riesigen Messuhr zeigte jedes Mal ein bisschen mehr Gewicht an – Resultat meines Jahre währenden Kuchenkonsums.

Das Mühlenanwesen in einer Darstellung von 1925

Die Ostenfelder Mühle erlebte während ihres über hundertjährigen Betriebes manche Modernisierung. 1919 wurde ein mit Kohle befeuerter Gasmotor, später ein Elektromotor installiert, damit die Mühle unabhängig von den Windverhältnissen betrieben werden konnte. Denn die Windmüller kannten keine geregelten Arbeitszeiten. Sie mussten mahlen, wenn der Wind wehte, also zu allen Tages- und Nachzeiten. Die technischen Neuerungen waren zwar kostspielig, erlaubten aber planmäßiges Arbeiten. Trotz Motorisierung wurde der Windbetrieb noch bis 1947 beibehalten.

Unmittelbar nach dem Krieg war die Ernährungslage im Dorf schwierig und das Geld hatte kaum noch Wert. Sachgüter waren gefragt. Wolfgang Reichel (Jahrgang 1936) erinnerte sich, wie er aufgelesene Kornähren im Sack ausdrosch und das Korn in der Mühle gegen Brotlaibe tauschte.

Während des Zweiten Weltkriegs und bis Anfang der 50er Jahre erlebten die verbliebenen Windmühlen noch eine kurze Blüte. Denn es herrschte Mangel an Treibstoff und elektrischer Energie, Wind gab es aber fast immer und noch dazu kostenlos. Doch die technische Entwicklung forcierte mehr und mehr das allgemeine Mühlensterben. Gab es Ende des 19. Jahrhunderts noch etwa 1200 Windmühlen in Schleswig-Holstein, waren es 1938 nicht mal mehr 300. Und 1954 wurden nur noch 104 gezählt. Heute stehen zwar immer noch zahlreiche Mühlen im Land, aber sie haben eher musealen Charakter. Windmühlenbetriebe, von denen ihre Besitzer leben können, gibt es praktisch keine mehr. In den 80er Jahren traf das Schicksal auch die Ostenfelder Mühle. Sie wurde abgerissen und damit ihre wechselvolle Geschichte beendet.

Die Störche waren da

Einst hatten sie ihr Nest mitten im Dorf. Jahr für Jahr saß ein Paar auf dem Reetdach des langgestreckten Bauernhauses von Peter Asmus. Die großen, schlanken Vögel mit ihrem schwarz-weißen Federkleid zogen elegant ihre Kreise über den Platz, ehe sie zur Landung auf das Nest niedergingen. Zur gegenseitigen Begrüßung legten die Nestbesitzer ihre Köpfe zurück und gaben mit ihren Schnäbeln ein weithin hörbares Klapperkonzert. Das ging einher mit dem Hufeklappern und Wiehern der Pferde auf der nahegelegenen Straße, dem Motorengeräusch der noch wenigen Traktoren und den Stimmen der Kinder und geschäftigen Erwachsenen. Die Störche und ihr Klappern gehörten so selbstverständlich zum Dorfleben, dass ihr Vorhandensein von den Erwachsenen kaum beachtet wurde. Aber für uns Kinder waren sie etwas ganz Besonderes: Boten aus einer fernen afrikanischen Welt und heimliche Überbringer der Neugeborenen. Wenn sie aus ihren Winterquartieren wieder über dem Dorf erschienen, brachten sie den Frühling, und wenn sie mit ihren Jungen wieder gen Süden zogen, klang der Sommer aus.

Dann kamen Veränderungen, die die Störche veranlassten, unser Dorf für immer zu verlassen: Teiche wurden zugeschüttet, Hecken und Wälle auf den Feldern planiert, Auen begradigt, Wiesen entwässert, großflächig Monokulturen angelegt und das Reet der Dächer durch Ziegel und Blech ersetzt. Das Fröschequaken hörte auf, die Artenvielfalt ging dramatisch zurück. Die Nahrungsgrundlagen der Störche wurden in einem Maß zerstört, dass ihnen nur noch Restareale zum Überleben blieben. Ostenfeld und dessen nahe Umgebung scheint für sie kein geeigneter Lebensraum mehr zu sein. Im treenenahen Rott und in Stumpen scheint für sie die Welt noch in Ordnung. Dort belegen sie Horste und ziehen Jahr für Jahr ihre Jungen auf. Wie viel mehr es aber einmal waren, wusste ein Winnerter (Jahrgang 1887) zu berichten. Um 1900, als er noch zur Schule ging, zählte er über vierzig Storchennester in Winnert. Auf manchen Strohdächern, die in jener Zeit verbreitet waren, sollen gar bis zu drei Nester bestanden haben.

Storchenjunge, die im Sommer 2015 in Stumpen auf die Welt kamen

In Erinnerung bleiben uns Bilder aus einer Zeit, in der die großen Vögel mit ihren roten Stelzenbeinen nahrungsuchend über grüne Wiesen, hinter Ackerpflügen und Mähbalken schreiten. Sie stolzierten wie Majestäten über das Land, zogen elegant segelnd ihre Kreise über den Dächern und gaben den Sommern durch ihr Dasein eine heitere, freundliche Note. Sie gehörten zur dörflichen Tiergemeinschaft wie die Hofhunde und die Hauskatzen, aber sie waren freie Geschöpfe und Gäste auf Zeit. Und wir freuten uns, wenn sie nach der langen Winterzeit wieder am Himmel erschienen.

Mitten im Dorf stand das große Bauernhaus von Peter Asmus, dem Großvater von Volker Pietsch, meinem Spielkameraden. Es war das „Storchenhaus", denn jedes Jahr besetzte ein Storchenpaar das große Nest auf dem Firstende des Daches. Direkt unterhalb des Nestes an der Giebelwand hatte der Großvater eine Sandkiste für seine Enkelkinder gebaut. Ob aber der Standplatz für die Kiste unmittelbar unter dem

Storchennest optimal gewählt war, konnte bezweifelt werden. Jedenfalls spielten Volker, mein Bruder Siegfried und ich eines Tages in dieser Sandkiste. Die drohende „Gefahr" von oben hätten wir ahnen können.

Es kam, was kommen musste. Eine volle Ladung aus dem Hintern eines Storches landete direkt auf Volkers Kopf, mein Bruder bekam auch einiges ab. Ich blieb verschont und musste über das Malheur der beiden herzlich lachen. Ich glaube, wir haben nie mehr gewagt, in dieser Sandkiste zu spielen, solange Störche oben das Nest bewohnten.

Das Bauernhaus von Peter Asmus mit Storchennest
(Aufnahme von 1955)

Mein Bruder, schon früh ein Tüftler und Dingen auf den Grund gehend, kletterte eines Tages an dem Blitzableiter bis zur Giebelspitze des Bauernhauses, um einen Blick ins Storchennest zu riskieren. Diese waghalsige Aktion wurde auf der gegenüberliegenden Straßenseite vom Kaufmann Ernst Lunks beobachtet, der meinen Bruder nach seinem Abstieg gehörig ausschimpfte und warnte: „Sigi, das machst du nie wieder!". Ich aber habe meinen großen Bruder für seine Tat bewundert.

Adler, Wolf & Co.

Vor langer Zeit gab es im herzoglich regierten schlewigschen Land einen reichen Wildtierbestand. Raubtiere und Raubvögel waren jedoch nicht willkommen, da sie als schädlich angesehen wurden. Der Ostenfelder Pastor Johannes Jürgensen, der das Amt von 1604 bis zu seinem Tod 1629 innehatte, beklagte den Einfall eines Wolfes in den Schafstall seiner Gemeinde. In unseren Breiten lebten damals offenbar zahlreiche Wölfe, die sich ihre Beute auch unter den Herdentieren der Bauern suchten. Ostenfeld soll in früheren Zeiten von großen Waldflächen umschlossen gewesen sein, in denen der Wolf und zahlreiche andere Raubtiere und -vögel beheimatet waren. 1660 erging vom Herzog zu Schleswig der Befehl an jeden „Hausmann", den Wolf zu erlegen, wo immer er ihm begegne. Für dessen Erlegung wurden hohe Prämien gezahlt. Einige Jahre später fanden groß angelegte mehrwöchige Wolfsjagden im Herzogtum statt. Diese Jagden wiederholten sich in den kommenden Jahrzehnten regelmäßig. Deren Ziel war die erklärte vollständige Ausrottung dieser Tierart. In einem Erlass bestimmte der dänische König, seinerzeit Herrscher im Schleswiger Herzogtum, dass alle Dorfbewohner sich mit Knüppeln und Forken an der Jagd zu beteiligen hatten. Wer sich weigerte musste den Preis für ein Fass Bier bezahlen. 1778 wird schließlich der Tod des letzten Wolfes im Landesteil Schleswig und 1820 in Holstein vermerkt.

Anderen „missliebigen" Tierarten, die ausschließlich als Jagd- und Nahrungskonkurrenten angesehen wurden, erging es nicht besser. In Jagdverordnungen von 1737 und 1784 wird deren Bejagung verlangt. Es „müssen Dachse, Eichhörnchen, alle Raubtiere, Adler, Falken, Habichte, Eulen, Reiher ... vertilgt werden", heißt es darin. Keine Spur von ökologischem Denken.

Zuvor hatte der Gottorfer Herzog Christian Albrecht 1690 eine Raubvogelvernichtungsverordnung erlassen. Für Abschüsse von Raubvögeln werden in den folgenden zweihundert Jahren Prämien gezahlt. 1791 werden im Amt Flensburg zwölf Adler erlegt. Allein im Amt Husum zwischen 1817 und 1825 über sechzig Seeadler. Wiederholt verenden die Raubvögel auch in

Wildfallen. Im Bereich der Treene bei Rott, Treia und Ahrenviöl werden bis in die 1930er Jahre immer wieder einzelne Adler getötet. Der letzte Abschuss wird 1978 bei Bremsburg nahe Treia vermerkt. Aber nicht nur Adler, auch andere Raubvögel werden gnadenlos verfolgt. 1711/12 werden im Gottorfer Herrschaftsgebiet 137 Uhu-Abschüsse registriert. Das Amt Flensburg hat sich 1791 besonders hervorgetan: 89 Falken, 37 Eulen und neun Reiher werden als erlegt gemeldet. Flensburg ist zu der Zeit Uhu-frei. Das war kein Artensterben, sondern gezieltes Morden ganzer Tiergruppen.

Doch diese rücksichtslose Dezimierung der Raubvögel hat gravierende Folgen. Im ganzen Land vermehren sich nun die Mäuse explosionsartig und richten grosse Ernteschäden an. Im Lauenburgischen stoppt man daher per Erlass die Jagd auf Eulen, weil man sie nun doch als hervorragende Mäusevertilger schätzen lernt.

Unerbittlich wurde auch dem Fischotter und dem Dachs nachgestellt. Es gab sogar gewerbsmäßige Otterjäger. Vor dem Ersten Weltkrieg wurden in Deutschland jährlich rund 10.000 Otter erlegt. Auch in Schleswig-Holstein verlief deren Ausrottung nach Plan. Im Zeitraum von 1885 bis 1907 wurden Prämien für 1.425 erlegte Fischotter ausgezahlt. Brutale Fangeisen, Netze, eigens auf Otterjagd dressierte Hunde und mit Gift versetzte Köderfische gehörten zum Waffenarsenal im „Kampf" gegen dieses prächtige Tier. Und die Dachse in Schleswig-Holstein wurden ab 1970 systematisch in ihren Bauen durch Begasung getötet. Noch 1986 werden 462 Tiere als erlegt gemeldet.
Staatsführer und Völker schmücken ihre Wappen stolz mit Adlern, Falken, Wölfen und Bären. Denn diese Tiere stehen für Mut und Kraft und das Adlerauge für Weitblick. Ortschaften wurden nach unserem größten heimischen Raubvogel benannt. So liegt unweit von Ostenfeld das Dorf Ahrenviöl. Der Name bedeutet: Das Feld, auf dem der Adler horstet. Andere Namen wie Arlau oder Ahrenshöft deuten darauf hin, dass große Populationen dieses Vogels hier einst beheimatet waren. Ob Raubvogel, Wolf, Otter, Fuchs oder Dachs - haben sie nicht alle die gleiche Berechtigung hier zu leben wie wir Menschen? Wie konnten wir nur einen solchen Ausrottungskrieg gegen sie führen, uns derart gegen die Natur vergehen?

Spiele, Abenteuer und Vergnügen

Für uns Kinder gab es damals keine ausgewiesene Spielfläche, es gab auch keinen Kindergarten oder irgendeine andere Einrichtung, die nur für uns geschaffen war. Wir blieben uns selbst überlassen, und das ganze Dorf stand uns als Spielplatz zu Verfügung. Wir vermissten nichts. Wir hatten viel Platz und Möglichkeiten genug, Neues zu entdecken, etwas „auszutüfteln" und unsere Spiele zu spielen. Aber wir waren dankbar, als eines Tages ein neuer Geistlicher hier sein Amt antrat. Dieser „Neue", Pastor Roland Link, sah offenbar, wie wenig sich die Erwachsenen um uns kümmerten und nahm uns in seine Obhut. Er hieß uns im großen Garten seines Pastorats willkommen und veranstaltete mit uns Kindern Spiele, an die ich mich zwar nicht mehr erinnere, die aber als schöne, frohe Gemeinschaftserlebnisse in meinem Gedächtnis haften geblieben sind. Ihm verdanken wir auch eine mir unvergessliche Busreise. Er lud uns alle in dieses Gefährt, das allein schon machte großen Eindruck auf uns. Die meisten von uns waren doch noch nie irgendwohin verreist. Er brachte uns an ein Ziel, das größer und schöner war als es unsere Phantasie hätte ausmalen können. Am weiten Sandstrand von St. Peter-Ording sah ich zum ersten Mal das Meer und einen unendlichen Horizont unter strahlend blauem Himmel. Das Sonnenlicht tanzte silbrig auf dem Wasser und ich genoss, wie die Wellen meine nackten Füsse umspülten. Unser Ausflug wurde zu einem der schönsten Tage meiner Kindheit. Dafür, dass er uns dieses Erlebnis, seine Fürsorge und Zuwendung schenkte, liebten wir ihn. Auch mochte ich seine Tochter ganz besonders und wäre gern ihr treuer Freund geworden. Doch leider verzog die Pastorenfamilie nach kurzer Zeit wieder und ließ uns traurig zurück.

Unsere Spielplätze fanden wir auf den Bauernhöfen, in Viehställen, auf Heuböden, auf Hauskoppeln und auf nahe gelegenen Wiesen. Die Jahreszeiten entschieden über unsere Aktivitäten und Handlungsorte. Im Winter, wenn ausreichend Schnee den Boden bedeckte, tummelten sich Scharen von Kindern auf dem Schwarzen Berg, einem großen Hünengrab, um mit dem Schlitten von der Kuppe herabzusausen. Allein, zu zweit oder auch mal zu dritt. Je gewagter, desto aufregender und genussvoller, wenn man unten gut landete. Stürze und Blessuren gehörten dazu, wurden bejubelt oder mit Tränen bedacht. Dieser Berg bot zwei Abfahrten, die eine mit sanftem, die andere mit krassem Gefälle. Nur die fanden Anerkennung beim Publikum, die auch die gefährlichere Tour wagten und meisterten. Nicht wenige bezahlten ihren Mut mit schmerzvollen Erfahrungen.

Für andere Wintervergnügen bot sich unser Dorfteich, der Westerdiek, an. Wenn er eine tragfähige Eisdecke aufwies, wurde er zum Sammelplatz für eine große Kinderschar. Die größeren Jungen spielten gern Eishockey darauf, oft mit ganz eigenen Regeln, ohne Schiedsrichter und mit selbst gefertigten Schlägern und Schlagscheiben. Die Schlittschuhe wurden auf die Sohlen von Schuhen geschraubt, die gerade greifbar waren. Am besten eigneten sich lederne Schnürstiefel, aber auch Gummistiefel taten es. Immer wieder mussten Spieler eine Zwangspause einlegen, weil sich ihre Schlittschuhe lösten. So gab es selten „flüssige" Spiele, aber der Leidenschaft tat das keinen Abbruch. Am Ende waren alle Beteiligten erschöpft und die Gewinner der Partie glücklich.

Wenn Tauwetter einsetzte und das Eis auf dem Dorfteich dünn wurde, ergab sich eine neue Herausforderung - das Schollenlaufen. Dazu musste zunächst die Eisdecke gebrochen werden. Mutige liefen immer wieder über das knirschende Eis, bis es in große Stücke zerbrach. Nun wurde der Gang über den Teich erst richtig spannend und gefährlich. Jeder Lauf über die Schollen von einem Teichende zum anderen wurde bejubelt. Die Schollen wurden immer kleiner und eine erfolgreiche Ankunft ungewisser. Bei der waghalsigen Überquerung tauchten die Schollen ins Wasser, wurden überspült und glitschig. Nur bei hohem Lauftempo konnte man das Abtauchen der wackeligen Eisplatten verzögern. Es war vorhersehbar, dass irgendwann ein Läufer sein Ziel nicht mehr erreichte und selbst ins eisige Wasser abtauchen würde. Dann war das waghalsige Unternehmen ausgereizt und zu Ende. Der so grandios Gescheiterte lief dann in triefenden Klamotten so schnell wie möglich, eine lange Wasserspur hinterlassend, zum heimischen Herd und höchstwahrscheinlich zu einer häuslichen Tracht Prügel. Auch ich machte diese äußerst unangenehme Erfahrung. Das Gute an dieser Mutprobe war: Wer sie nicht bestand wurde keinesfalls als Verlierer angesehen, im Gegenteil.

Der nahe gelegene Langenhöfter Forst war als Spielplatz für uns Kinder alles andere als anziehend. Dort konnte man wilden Tieren, Giftschlangen und vielleicht sogar Räubern in ihren Verstecken begegnen. Im Kasperletheater, in Märchen und von mahnenden Erwachsenen hörten wir solche Geschichten. Der Wald lockte also höchstens für eine Mutprobe. Und die galt es für kleine Jungen zu bestehen, wollte man kein Feigling sein. Ich suchte mit zwei gleichaltrigen Kumpanen diese Herausforderung und betrat zum ersten Mal ohne Begleitung von Erwachsenen das unheimliche Terrain. Wir kannten das gefahrvolle Leben aus Indianer- und Cowboyspielen und hatten uns für den Gang in die dunkle Baumwelt vorsorglich bewaffnet mit Blechdoch, Spielzeuggewehr und Zündplätzchenpistole. So ausgestattet fühlten wir uns stark und gut gerüstet für unsere Expedition ins Unbekannte. Wir benutzten natürlich nicht die angelegten Waldpfade, sondern marschierten quer durch den Urwald. Langsam, Schritt für Schritt, nach Gefahren Ausschau haltend, hochgradig konzentriert und nervös. Ich war Anführer und ging voran. Da plötzlich raschelte es am Boden und huschte etwas Unsichtbares zwischen den trockenen Blättern hindurch. Im Bruchteil einer Sekunde und im Schnelllauf hatte ich den Rückzug angetreten, im gleichen Tempo gefolgt von meinen Kameraden. Der Wald war von dem Moment an für uns kein Thema mehr, und wir kleinen Helden haben die Geschichte aus gutem Grund für uns behalten. Heute kann ich sie erzählen ohne meine damaligen Begleiter zu verraten, denn ich erinnere nicht mehr, wer sie waren.

An warmen Sommertagen suchten wir Abkühlung in einem Teich, der nur eine kurze Fußstrecke außerhalb des Dorfes lag und wohl schon seit Generationen als Badegewässer genutzt wurde. Es war ein Naturteich ohne Aufsicht, mit improvisiertem Steg, ohne Umkleide, Dusche oder Kiosk. Eingebettet in einer grünen Wiese. Manchmal schauten Kühe uns beim Baden zu. Wenn wir dem Wasser entstiegen, klebten oft Reste von Wasserpflanzen auf unserer Haut und reichlich Matsch an den Füssen. In anderen Teichen, auf die wir gelegentlich auswichen, setzten sich auch schon mal Blutegel am Körper fest. Aber wir Landkinder waren robust und nicht allzu empfindlich. Die größeren Jungen brachten ausgediente Treckerschläuche mit, die sie aufbliesen und auf dem Wasser als Inseln oder Spielringe benutzten. Wir Kleinen nahmen mit Plastikschwimmring vorlieb, wenn wir denn überhaupt so einen besaßen. Wer ein Fahrrad hatte odes es sich leihen konnte, machte sich auch mal zur Treene auf, vorzugsweise zum großen Pumpenhaus zwischen Hollingstedt und Rott. In den Fluß wagten sich aber eher geübte Schwimmer, denn es gab hier Strömung, Strudel und unbekannte Tiefen. Doch das Badevergnügen in der Treene war im Vergleich zum Teichbaden Premiumklasse. Hier konnte man in freier Bahn Strecke schwimmen, im Teich dagegen dicht gedrängt nur kleine Runden. In mindestens einer Hinsicht war es an der Treene auch aufregender: Die anwesenden Mädchen wiesen bereits Busen auf, und so wurde den Jungen vergönnt, auch mal einen verstohlenen Blick in den Ausschnitt ihrer Badeanzüge zu werfen.

Im Herbst warteten wir auf Sturm, um die selbst gebastelten Papierdrachen steigen zu lassen. Ich glaube, es war eine reine Jungendomäne. Mädchen interessierten sich kaum für diesen „Sport", der einen in den Himmel abheben konnte. Denn: War der Wind gut, der Drachen groß, und das Fluggerät bekam genug Leine, konnte es passieren, dass ein Kinderleichtgewicht mit dem Drachen davonflog, wenn es bei zu starker Zugkraft die Leine nicht losließ. Ich selbst hatte einmal meine Beine nicht mehr auf dem Erdboden und musste den Drachen ziehen lassen. Wir fanden ihn dann irgendwann zerfleddert in einer Baumkrone wieder.

Den blütenreichen Frühling erwarteten vor allem die Mädchen. Sie pflückten dann verträumt Gänseblümchen und andere Gewächse und flochten aus ihnen in stundenlanger Feinarbeit Haarkränze und Ketten, banden Sträuße und Girlanden für Kinderfeste. Oft sangen sie dabei; auch auf Ausflügen waren ihre Lieder unsere ständigen Begleiter und sorgten für gute Laune. Ich sah und hörte es, wunderte mich über ihren Eifer und fragte mich, warum die Mädchen so veranlagt sind. Aber ich fand es schön und bewunderte ihren Reichtum an Phantasie. Ihnen fiel immer wieder Neues ein. Aus dem Stegreif entwarfen sie irgendein Spiel. Sie bewegten sich mit Springseilen, Reifen oder Bällen, sprangen leichtfüssig zwischen Gummibändern und über Rechteckformen, die sie zuvor in den Erdboden ritzten. Mädchen hatten da einfach mehr drauf als wir Jungen. Uns ging es um Fußball und Kräftemessen, Höhlen und Baumsitze bauen. Ganz andere Dinge halt.

Champignons und Blaubeeren

Als die Wiesen noch mit gut verrottetem Stallmist gedüngt wurden, spross Jahr für Jahr eine Vielzahl von Wildkräutern und -blumen aus ihnen hervor. Und nach warmen Regenschauern im Frühsommer sah man manche Wiesen mit Champignonköpfen übersät. Die strahlend weißen kleinen Exemplar aß ich gerne roh. Ihr Geschmack und Duft war so unvergleichlich. Niemals wird man solche frischen aromatischen Pilze kaufen können! Nur eine intakte Natur bringt sie hervor. Die Wiesenchampignons wuchsen oft so zahlreich, dass man sie körbeweise hätte ernten können. Zuhause wurden sie gebraten oder auch eingeweckt. Aber die Masse war kaum zu bewältigen.

Solche Pilz- und Blumenwiesen gibt es hier seit langem nicht mehr - dank Gülle und Kunstdünger. Die konzentrierten Gaben und die Verdichtung des Bodens durch große, schwere Arbeitsmaschinen vertragen weder das empfindliche Myzeel noch die wilden Blumen.

Meine Mutter nahm mich oft als Kind in den Kirchenwald mit, um Blaubeeren zu pflücken. Ich war dabei keine große Hilfe. Die Beeren, die ich auflas, wanderten gleich in meinen Mund. Die blaugefärbte Zunge verriet ihren direkten Weg. An lichten Stellen im Wald und auf bestimmten Böden fanden wir viele Beeren. Wie bei den Waldpilzen wuchsen sie Jahr für Jahr an den selben Plätzen. Auch diese Früchte sind aus dem Wald verschwunden, man findet sie heute nur noch vereinzelt. Es heißt, der saure Regen sei schuld. Aber Blaubeeren mögen saure Böden. Vielleicht bekommen sie über den Regen zu viel Säure.

Aufgelesen

Meine Mutter erzählte, ich sei als kleines Kind sehr artig gewesen und hätte mich lange und still selbst beschäftigen können. Mein zwei Jahre älterer Bruder und ich liebten unsere Mutter, denn sie war immer für uns da und tat alles, um uns unter widrigen Umständen in schwierigen Zeiten durchzubringen. Als wir beide noch ganz klein waren nahm sie uns öfter auf dem Fahrrad mit, um ihre Mutter im achtzehn Kilometer entfernten Ahrenviölfeld zu besuchen. Doch die Tour, vor allem die Rückfahrt in unser hoch gelegenes Dorf wurde um so anstrengender, je größer und schwerer wir wurden. Eines Tages entschied sie, mich daheim zurückzulassen und nur mit meinem Bruder die beschwerliche Reise zu unternehmen. Sie gab mich in die Obhut einer Nachbarin, sprach beruhigend zu mir und sagte: Mama kommt bald wieder. Normalerweise vertraute ich ihr völlig und folgte ihren Anweisungen. Ich glaubte ihr, denn meine Mutter lehrte uns wahrhaftig zu sein und lebte es uns vor.

Als sie schließlich davonfuhr, war ich mir plötzlich nicht mehr sicher, ob meine Mutter je zurückkehren würde. Meine Zweifel wurden immer stärker und gruben sich fest: Ich war ausgesetzt und verlassen worden! Panik ergriff mich. Es gab nur eine Möglichkeit: Ich musste der Spur meiner Mutter folgen. Ich entwischte der Nachbarin und machte mich auf den Weg. Mit meinen vier Jahren besaß ich keine Vorstellung von der vor mir liegenden Fußstrecke. Ich wusste nur, in welche Richtung sie mit meinem Bruder gefahren war. Am Ortsrand fand ich den Anfang des Weges. Mit jedem kleinen Schritt würde ich meiner Mutter näher kommen, und dieser Gedanke ließ meine Verzweiflung schwinden. Es war ein warmer Sommertag, ich war schon lange unterwegs, und mein Marsch machte mich durstig und müde. Irgendwann kam eine Abzweigung und machte mich ratlos, welcher Richtung ich folgen sollte. Meine Zuversicht wich dahin. Schließlich wählte ich den linken Abzweig, da ich dort in der Ferne Häuser sah. Ich ging auf sie zu und gelangte an Bahngleise mit einem dahinter liegenden Bahnhofsgebäude. Dieses Gelände war mir völlig unbekannt. Ich hatte mich verlaufen. Es machte keinen Sinn, weitere Schritte zu gehen, auch war ich am Ende meiner Kraft. Ich würde meine Mutter und meinen

Bruder nie mehr finden; ich hatte sie verloren. So stand ich da an den Gleisen, war zutiefst verzweifelt und weinte. In Trauer und Schmerz gefangen, nahm ich zuerst gar nicht wahr, dass jemand auf dem Fahrrad auf mich zukam. Ein großer Junge fragte, warum ich weine und woher ich komme. Stotternd, mit tränenerstickter Stimme berichtete ich ihm meine Geschichte und bat ihn, mir den richtigen Weg zu zeigen. Aber ich kannte nicht den Namen des Ortes, wohin ich gehen wollte. Er versicherte mir, meine Mutter würde bald wieder da sein, lud mich auf sein Rad und fuhr mich zurück nach Ostenfeld. Und tatsächlich wurde alles gut. Meine Mutter kam mit meinem Bruder am Nachmittag zurück, und ich gehörte wieder zu ihnen.

Vielleicht liest jener junge Radfahrer aus Ohrstedt-Bahnhof, dessen Namen ich nicht kenne, diese Geschichte. Ich danke ihm von Herzen für seine Tat; er hat mich in großer Verzweiflung geborgen, getröstet und gerettet.

Meine Mutter, mein Bruder und ich in Ahrenviölfeld 1952

100

Vom Leben mit Kühen

Noch in den fünfziger Jahren gab es in Ostenfeld zahlreiche Familien, deren Existenz von ein paar Kühen abhing. Manche hatten auch nur eine einzige Kuh und etwas Kleinvieh. Wer dazu einen Obst- und Gemüsegarten sein Eigen nennen konnte, gehörte zu den Glücklichen.

Milchkuh mit Hörnern - heute ein seltenes Bild

Das Wohlergehen dieser Familien hing davon ab, dass es ihren Tieren gut ging. Aus diesem Bewusstsein entstand eine enge Bindung zwischen Mensch und Tier. Die Kühe besaßen alle einen Namen, die Sommermonate verbrachten sie auf kräuterreichen Wiesen und den Winter im warmen Stall und erhielten dort ein abwechslungsreiches Mischfutter aus Heu, Rübenschnitzeln und Schrot. Sie brachten zahlreiche Kälber zur Welt und hatten ein verhältnismäßig langes Leben. Sie waren nicht nur wichtige Ernährer der Familie, sondern auch ein Teil von ihr.

101

Ein Ostenfelder erinnert sich, dass seine Familie damals sieben Milchkühe besaß, sechs schwarzbunte und eine rotbunte Angeliter. Die Rotbunte war die Leitkuh und wurde liebevoll „Oma" gerufen; sie lebte wohl über fünfzehn Jahre. Wenn mal eine Kuh erkrankte, sorgte sich die ganze Familie. Und Heiligabend bekamen die Tiere Brotscheiben als Futterzugabe.

Dorfschmied Peter Clausen mit „Milchrad", ca. 1944

Wenn das Milchvieh in den Sommermonaten auf den Weiden graste, musste der Melker oder die Melkerin zweimal täglich zu den Kühen fahren. Waren nur wenige Kühe vorhanden, wurde meistens ein Fahrrad für den Milchtransport benutzt. Die zwanzig Liter fassenden Kannen wurden in eine spezielle Vorrichtung ans Steuerrohr oder an die Lenkstange gehängt.

Derart beschwert auf sandigen oder bei Regen matschigen Feldwegen zu fahren, war kräftezehrend und heikel. Zu größeren Herden fuhr man mit Pferd und Wagen. Es war praktisch, ein Pferd nur für die Melktour zu haben, daher auch „Melkpferd" genannt, denn es kannte seinen Weg zur Weide, zur Meierei und zum Hof und bedurfte kaum der Lenkung.

Überall auf den Wiesen sah man damals grasende Kühe, und jedes Mal boten sie ein besonderes Schauspiel, wenn sie nach dem langen Winterquartier im Stall wieder auf die Weide kamen. Dann tobten sie wie entfesselt über das Grün und schienen im Glücksrausch. Denn endlich waren sie wieder dort, wo sie ihrer Natur nach hingehörten.
Heute sieht man nur noch selten Kühe auf den Wiesen grasen. Die meisten verbleiben ihr kurzes Leben lang auf Betonböden im Stall. Sie bekommen täglich Gär- und industriell vorgefertigtes Kraftfutter, werden ihrer Hörner und Würde beraubt. Ihre knochigen Körper sind auf Hochleistung getrimmt, ihre prallen, tiefliegenden Euter behindern ihr Gehen, sie sind zu puren Fress- und Produktionsmaschinen degradiert. Viele haben es da kaum besser wie die eingepferchten Hühner in den Legebatterien. Kühe können über zwanzig Jahre alt werden, doch heute kommen sie schon nach fünf bis sechs Lebensjahren auf die Schlachtbank, weil sie nicht mehr genug Milch liefern oder ihre Organe durch die enorme Beanspruchung versagen. Auch der Verfall der Milchpreise ist eine Folge dieser unheilvollen Entwicklung.

Damals strahlte die Landschaft, die unser Dorf umgab, etwas Wohltuendes aus. Die Äcker waren vielfältig bestellt, ihre Ränder eingefasst mit grünen Hecken, und auf den Wiesen grasten zufriedene, gesunde Kühe. Heute hat das Land ein gänzlich anderes Gesicht, ist ausgeräumt von Tieren und maschinenfreundlich hergerichtet. Wie die Milchkuh wurde es auch industrialisiert. Monotone, großflächige Maisfelder und Windkraftanlagen beherrschen die Szenerie und betrüben bei deren Anblick das Gemüt. Die Tier- und Pflanzenwelt verzeichnet nur noch Restbestände ihrer einstigen Vielfalt. Es heißt, die „Gesetze der Marktwirtschaft" und die „Globalisierung" sind für diese Entwicklung verantwortlich. Letztlich sind wir es wohl alle, nicht zuletzt durch unser Konsumverhalten. Ein weitgehend mit Natur und Tieren verbundenes Leben hat sich im Lauf nur weniger Jahrzehnte zu einem Leben gegen Kreatur und Umwelt gewandelt.

Ein weiser Indianerhäuptling beschwor uns schon vor 150 Jahren, respektvoll mit unserem Planeten und seinen Lebewesen umzugehen:

Die Erde ist unsere Mutter.
Was die Erde befällt, befällt auch die Söhne und Töchter der Erde.
Denn das wissen wir:
Die Erde gehört nicht den Menschen. Der Mensch gehört zur Erde.
Alles ist miteinander verbunden.

(See-at-la, Häuptling der Suquamish- und Duwamish-Indianer, 1786 - 1866)

Von Pferden und Treckern

In den 1950er Jahren gab es fast überall auf den Bauernhöfen noch Arbeitspferde, überwiegend die stark gebauten Schleswiger Kaltblüter. Sie wurden vor Milch- oder Erntewagen und nur noch selten vor den Pflug gespannt. Denn in jenen Jahren schafften sich die Bauern zunehmend Trecker an. Wer ein solches Gefährt besaß, galt als fortschrittlich und zeigte mit der teuren Anschaffung, dass er es „sich leisten" konnte. Aber nun wurde es lauter im Dorf und Dieselabgase schwängerten die Luft. Die Pferde verschwanden nach und nach aus dem Dorfbild und mit ihnen vertraute Geräusche und Gerüche: Das Geklapper ihrer Hufe, ihr Wiehern, der typische Geruch ihrer Ausdünstung und der würzige Duft ihrer „Äppel". Mir schien, mir dem Aufkommen des Treckerzeitalters ging eine gewisse Gemütlichkeit und Langsamkeit dahin.

Ein Bauer jedoch verweigerte sich der allgemeinen Motorisierung auf den Höfen. Claus Marses, mit wirklichem Namen Claus Thomsen, blieb seinem Arbeitspferd bis zum eigenen Tod treu. Nach meiner Erinnerung war er der Letzte, der noch in den sechziger Jahren regelmäßig auf seinem pferdgezogenen Milchwagen durchs Dorf fuhr. Er hatte, egal welches Wetter und welche Jahreszeit herrschte, stets eine Mütze auf und eine Peitsche in der Hand. Alle anderen Bauern hatten längst auf Traktorbetrieb umgestellt.
Trecker waren nicht nur Thema bei den Bauern, auch für die Kinder waren sie ein Traum, vor allem für die Jungen. Die Technik und Kraft dieser Maschinen faszinierte sie. Auf dem Pausenhof der Schule wetteiferten die Buben, wessen Trecker zu Hause die meisten Pferdestärken und den renommierteren Hersteller hatte. Das Höchste war es natürlich für sie, einen Trecker fahren zu dürfen. Dazu gab es auf den Höfen und auf dem Feld genug Gelegenheiten. Denn jede Arbeitskraft wurde gebraucht, auch die der Kinder. Der Umgang mit Arbeitspferden war für sie zu gefährlich, dagegen die Bedienung der Trecker einfach und ohne zu großes Risiko. Und die Buben waren versessen darauf, mit dem Trecker zu fahren. Es machte sie stolz und selbstbewusst, wenn man ihnen das Steuer überließ. Ich glaube, ich war ziemlich neidisch, wenn ich meine gleichaltrigen Klassenkameraden auf dem Dieselross fahren sah.

Der Stolz kleiner Jungen: Allein Trecker fahren.
Volker Pietsch 1955 auf einem Ferguson TEF 20.

Heuernte und Anglerglück

Die Sommer meiner Kindheit versprachen viele Abenteuer. Wenn es hieß, die Milchkühe auf eine entfernte Weide zu treiben, war ich natürlich dabei. Die Märsche zu den Wiesen waren oft lang und anstrengend, aber stets spannend und abwechslungsreich. Als mithelfender kleiner Junge fühlte ich mich ganz groß. Aufregend war auch die Heuernte. Wenn wir dann zu den Treenewiesen fuhren, lag es nahe, auf Angeltour zu gehen, während die erwachsenen Erntehelfer in der Sommerhitze schuften mussten. Wir Jungs improvisierten mit Haselrute, Korken, Angelleine und Haken eine Fangausrüstung, die in nullkommanichts fertig war. Als Köder gruben wir ein paar Würmer aus dem Boden oder drehten Weißbrotkügelchen aus einer mitgebrachten Brotscheibe. An heißen Sommertagen war die Ausbeute an Fischen nie groß, aber einmal hatten wir einen guten Fang gemacht: Ein halbes Dutzend mittelgroßer Aale hievten wir aus der Treene. Die Rücktour machten wir in bester Jagderfolgslaune ganz oben auf dem hoch geladenen, festgezurrten Heuwagen. Auf dem Rücken liegend schauten wir in den blauen Wolkenhimmel, und die Sonnenlichter tanzten durch das grüne Blätterdach der großen Straßenbäume über unserem Heubett. Wir waren dem Himmel so nah, die Stimmung konnte nicht besser sein - es war das pure Glück!

Auf dem Hof angekommen ging's den Aalen leider an den Kragen. Mein Angelkamerad Hans-John Petersen, der Sohn des Hofbesitzers, besorgte das Schlachten und Ausnehmen der Fische. Ein Blecheimer mit ausgesägtem Boden diente als Räucherofen. Darin hingen die armen Kreaturen. Die anscheinend zu große Hitze veranlasste die Aalkörper, sich heftig zu krümmen. Aber das schadete dem Räucherergebnis keineswegs. Meine Erinnerung an das anschließende Festessen lässt mich sagen: Noch nie habe ich köstlicheren Räucheraal gegessen! Ich weiß, dass solche Erinnerungen auch trügerisch sein können. Es ist ja nicht nur ein Geschmack, der prägt, sondern auch die Erlebnisse und Bilder, die zu diesem Ereignis gehören. Aber dieser Tag mit Heuwagenfahrt, Anglerglück und Tafelfreuden gehört zu meinen schönsten Kindheitserinnerungen. Für die Aale war es allerdings kein guter Tag.

Danke

Zahlreiche Osterfelder und Ostenfelderinnen, auch die im „Exil" lebenden, haben mir mit Namen, Fotos und eigenen Erinnerungen geholfen, die Geschichten möglichst wahrheitsgemäß zu erzählen. Zahlreiche Archive und Museen stellten Informationen und Bilder zu Verfügung bzw. genehmigten freundlicherweise deren Veröffentlichung. Ihnen allen danke ich herzlich für die Unterstützung, ohne die dieser Band in der Form nicht hätte entstehen können.

Günter Spurgat

Bildnachweis

BMW Group Archiv: Seite 57
Kreisarchiv Nordfriesland: Seite 43
LBJ Library photo by Yoichi Okamoto: Seite 64
Nationalmuseum Kopenhagen: Seite 74
Westdeutscher Rundfunk: Seite 9
Gemeinde Ostenfeld: Seite 22
Danske Atlas, Kopenhagen 1781: Seite 68 oben
Danske Nationaldragter, Kolding 1890: Seite 69
Danske Nationale Klædedragter, Kopenhagen 1805: Seite 68 unten (2)
Bruun Rasmussen: Seite 70
Gerhard Clausen: Seite 28
Gisela Neukirch: Seite 87
Volker Pietsch: Seite 91 und 106
Volkert Thomsen: Seite 61
unbekannt: Seite 36 und 80
privat: Seite 11, 13, 15, 17, 18, 21, 24, 27, 31, 49,
52, 54, 55, 72, 76, 82, 86, 102
Autor: Seite 30, 39, 45, 46, 90, 100, 101